Beautiful China

Be autiful 美丽中国 Guangdong

中国地理学会全民科普读本

美丽广东

毓秀岭南，开放前沿

中国地理学会/编　董恒年/主编

蓝天出版社

山、唐古拉山、冈底斯山和喜马拉雅山等。全世界海拔8000米以上的14座高峰，全都坐落在青藏高原南缘的喜马拉雅山和西缘的喀喇昆仑山两大山脉之中。从青藏高原北缘和东缘起至大兴安岭、太行山、巫山、雪峰山之间，是内蒙古高原、黄土高原、云贵高原、阿尔泰山、准噶尔盆地、天山、塔里木盆地和四川盆地等地貌单元的镶嵌分布区，平均海拔在1000米以上。正是这些高原和盆地构成了我国地貌的第二级阶梯。此外，在大兴安岭、太行山、巫山和雪峰山一线以东，分布着辽阔的东北平原、华北平原和长江中下游平原以及广大的东南丘陵等，平均海拔在500米以下。这些平原和丘陵构成了我国地貌的第三级阶梯。

广袤的国土，独特的地理位置，错综复杂的地质地貌条件，以及典型的季风气候等，造就了我国复杂多样的地理环境和异彩纷呈的自然景观。由南向北，因太阳辐射和温度的变化，分布着赤道带、热带、亚热带、暖温带、温带和寒温带等纬度地理带，自然景观依次呈现出雨林、季雨林、常绿阔叶林、落叶阔叶林及针叶林等的变化。自东南而西北，受东亚季风和青藏高原的影响，降水分布呈现出十分强烈的规律性，形成湿润、半湿润、半干旱和干旱等经度地理带，自然景观也依次呈现出森林、草原、半荒漠和荒漠等变化。此外，在高山和高原地区，因海拔高度和所处地理基带的不同，自然景观还呈现出明显的垂直变化。

阶梯式逐级下降的地势，还决定着我国主要河流由西而东的基本走向。唐代大诗人李白的"黄河之水天上来，奔流到海不复回"，生动地描绘了发源于青藏高原的黄河顺阶而下的奔腾气势。我国最长的河流长江，也发源于"世界屋脊"的青藏高原。在它穿越横断山脉奔流进入第二阶梯后，又切穿了巫山山脉，形成了世界著名的大峡谷长江三峡。尔后，像一条驯

服的巨龙，缓缓地流过长江中下游平原，最后才注入蔚蓝的东海。

雪峰皑皑，群山巍峨，高原雄壮，盆地辽阔，丘陵起伏，平原坦荡，戈壁浩瀚，沙漠似海，森林寂静，草原葱郁，河川蜿蜒，峡谷幽深，湖泊晶莹，海域蔚蓝，景观殊异，美不胜收。大自然的恩赐，让中华民族拥有了如此多样的大好河山。

在复杂多样的地理环境中，我国旧石器时代的远古祖先活跃在这个广阔的舞台之上。目前，发现的旧石器时代文化遗址近20处，包括直立人阶段、早期智人阶段和晚期智人阶段的遗址。除青藏高原外，这些遗址几乎遍布我国第二和第三阶梯。

随着新石器时代生产技术的进步，以秦岭—淮河为界，长江中下游地区和黄河中下游至辽河上游的广大地区之间，"南稻北黍"的格局正在形成并渐趋定型，其他地区或处在向逐水草而居的粗放游牧经济过渡，或仍处在采集狩猎为主的渔猎经济，因而，保留下来的文化类型和文化遗址也更多。

随着中华民族的逐渐形成和5000年文明史的开创，我们祖先在中华大地之上挥洒着勤劳与智慧，真可谓"天人协和，穷极造化"。当时以炎黄部落联盟为核心的华夏族，最早在黄河中游的汾、渭等支流地区形成。此后，华夏族不断与周边地域其他民族进行长期的交流与融合，最终形成了由数十个民族构成且活动地域仍存在差异的多民族共同体——中华民族。同时，在这一过程中，也创造了博大精深、延续5000年之久、闪耀着璀璨光芒的中华文化和中华文明，并保存了不计其数、无与伦比的物质和非物质文化遗产。

毫无疑问，博大精深的中华文化，积淀着中华民族最深沉的精神追求，饱含着中华民族最根本的精神基因，代表着中华民族独特的精神标识，是中华民族生生不息、发展壮大的丰厚滋养，是中华民族的"根"和"魂"。

作为世界大国和文明古国，中国拥有众多的从世界级到国家级再到省市级的地质公园、森林公园、风景名胜区和自然保护区等自然景区，而且历史悠久，文化灿烂，拥有不计其数的和具有普遍价值的物质和非物质文化遗产，从工具、器具、用品、用具、古建筑、古遗址、古墓葬、古代工程、古代城池到哲学、宗教、文学和艺术等，历历可见者为数众多，琳琅满目。截至2014年6月25日，列入《世界遗产名录》的中国世界遗产达47项，仅次于意大利居世界第二，其中，自然遗产10项，文化遗产33项，自然与文化双遗产4项；而同期列入《世界非物质文化遗产名录》的中国非物质文化遗产则达38项，居世界第一。

美丽中国
Beautiful China

山河壮丽、文化璀璨。而当代中国的建设成就，则是"穷极造化"的现代表现，是新形势下的继承和发展。

"美丽中国"丛书，是中国地理学会组织数十名地理学家策划，并编撰的一套科普性地理旅游类普及读物。该丛书旨在通过通俗而优美的语言、流畅而精致的笔触和绚烂而精美的图片，向读者展示出本已存在于中华大地上的名山秀水、中华民族世世代代所创造的灿烂文化以及当代建设成就，增强我们做中国人的骨气，提升我们做中国人的底气。这是我们出版这一套丛书的基本出发点和全部工作的追求目标。

丛书共35册，其中，第1册是全国总册，其余34册是省、自治区、直辖市和香港、澳门特别行政区以及台湾分册。丛书内容包括区域印象、自然奇观、人文胜迹、民俗风情、著名市镇、现代建设成就、特色资源等。在丛书编撰过程中，我们力求践行三个原则，一是让读者了解自然与历史、敬畏自然与历史；二是体现人与自然相契合的天人合一精神；三是用精选的图片表达出诗般的柔美。

但愿"美丽中国"丛书，能为读者打开一扇认识中国美，并不断探索其真谛的大门。

中国地理学会
"美丽中国"丛书编委会

广东省行政区划图

比例尺　1：3 400 000

0　　34　　68　　102　　136千米

江西省
福建省
南康区
会昌县
信丰县
大余县
南雄市
始兴县
龙南县
全南县
定南县
安远县
寻乌县
武平县
上杭县
龙岩
漳平市
华安县
安溪县
南安市
永春县
德化县
同安区
长泰县
集美区
厦门
金门县
漳州
龙海市
海沧区
南靖县
平和县
漳浦县
云霄县
诏安县
东山县
东山半岛
永定县
平远县
蕉岭县
梅州
梅县区
大埔县
兴宁市
五华县
丰顺县
揭阳
揭东区
揭西县
普宁市
惠来县
潮州
潮安区
饶平县
澄海区
汕头
潮阳区
潮南区
濠江区
南澳县
南澎列岛
陆河县
陆丰市
海丰县
汕尾
红海湾
碣石湾
龙川县
和平县
连平县
翁源县
新丰县
东源县
河源
紫金县
龙门县
博罗县
惠州
惠东县
惠阳区
龙岗区
深圳
盐田区
香港
香港特别行政区
大鹏湾
担杆列岛
佳蓬列岛
万山群岛
南海
北卫滩
南卫滩
东沙群岛
东沙岛
东沙礁
北回归线
114°
115°
116°
117°
118°
20°
21°
22°
23°
24°

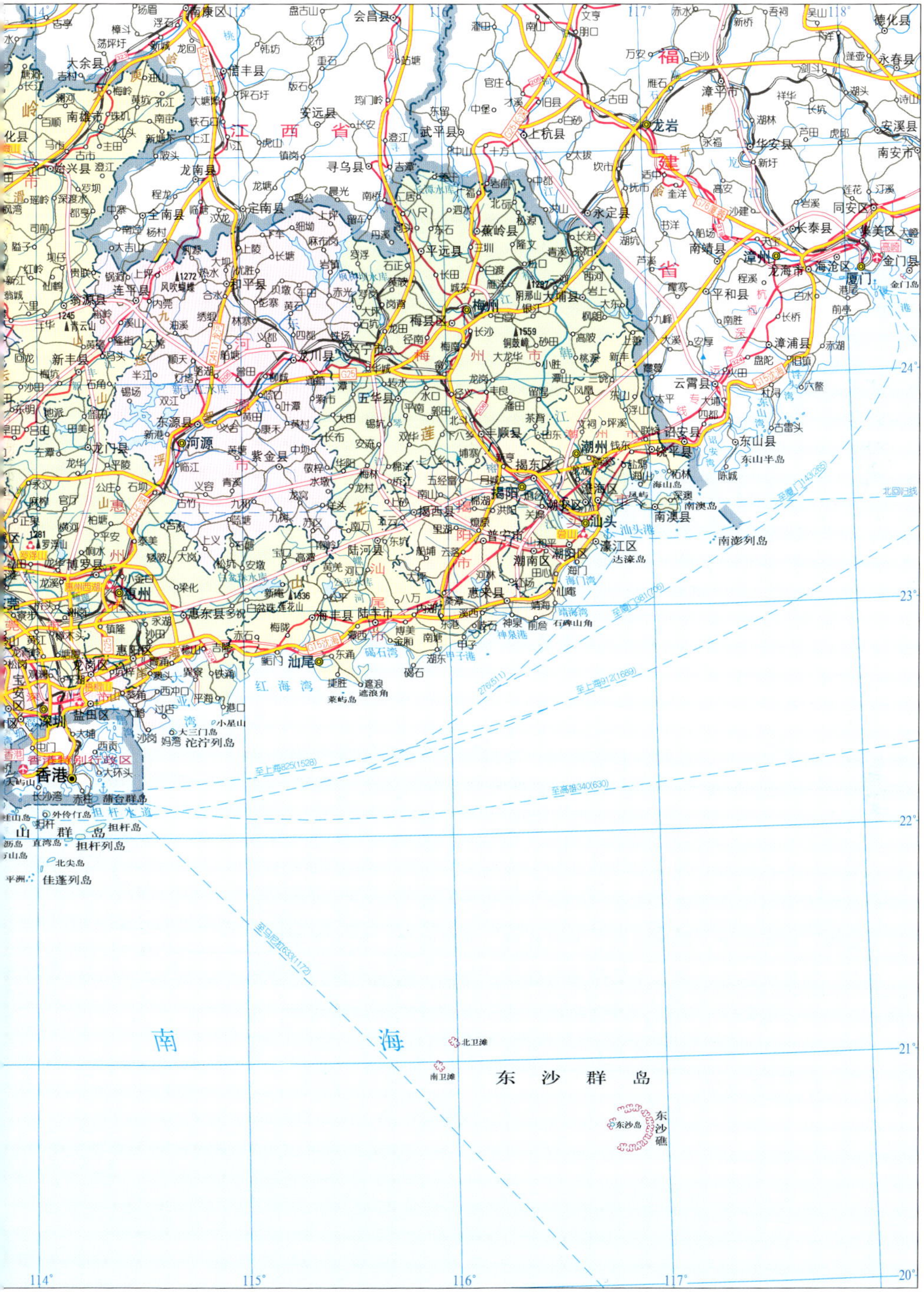

CHAPTER
01

印象广东
北回归线上熠熠生辉的璀璨明珠

广东简称粤，位于我国大陆最南端，北回归线横穿境内。广东是北回归线上的一颗璀璨明珠。岭南的毓秀山水，时而奇伟壮丽、时而柔婉清丽，构成了有"千里画廊"之称的自然美景。海洋与陆地激荡，造就了广东开放包容的多元文化，广府文化、客家文化、潮汕文化既相对独立又相互融合。历史在这里留下了沧桑的痕迹，这里既涌现出终结数千年封建帝制的革命先行者，也留下了让当代中国人魂牵梦绕的众多近代革命风物。广东还是中国改革开放的经济排头兵，在我国现代化建设全局中具有举足轻重的地位。这里既有悠韵无限的岭南园林，也有往事如烟的风情小镇……如果说广东是一幅画卷，那么，这幅画卷上，每一笔都是动人的风景，每一笔都有广东特有的韵致。

✈ Guangdong

山川纵横，陆海相荡
地理构成复杂多样的岭南省份

:: 广东是我国大陆最南端的省份，北回归线横贯中部。北依南岭与江西、湖南两省相邻，东邻福建，西连广西，南临南海，珠江口东、西两侧分别与香港和澳门特别行政区相接，西南端的雷州半岛隔琼州海峡与海南省相望。近10列东北－西南走向的山脉纵贯全境，珠江、韩江等多条河川流经其间，海岸曲折漫长，岛屿众多，是一个"山川纵横，陆海相荡"、地理构成复杂多样的岭南省份。

广东省位于北纬20°13′～25°31′和东经109°39′～117°19′之间。南北跨度约600千米，东西跨度约800千米。陆地总面积17.98万平方千米，约占全国陆地面积的1.87%。海岸线曲折、漫长，大陆岸线长3368.1千米，位居全国第一；岛屿、港湾众多，面积500平方米以上的岛屿共759个，仅次于浙江、福建两省，位居全国第三。

广东省地势北高南低，地貌类型复杂多样，北部多为山地和高丘陵，南部则为平原和台地。其中，山地和丘陵约占全省总面积的62%，平原和台地约占38%。地形变幻多端，相互交错，形成了丰富而壮美的地貌景观。

北部属南岭山地，以中山和高丘陵为主，包括大庾岭、都庞岭、骑田岭、萌渚岭和越城岭，俗称"五岭"，平均海拔1000～1500米。群山间有乐昌、曲江、仁化、南雄、始兴和英德等河谷盆地，还有陡峭的峡谷、深邃的溶洞和茂密的森林。粤东山地以中低山为主，自东而西主要有海岸山、莲花山、罗浮山、九连山、青云山等东北－西南走向的山脉，平均海拔1000米左右，山间分布有梅州、兴宁、龙川等盆地。粤西山地也以低山和中山为主，自东而西为天露山、云雾山和云开大山三列东北－西南走向的山脉，平均海拔1000米左右，其间分布有怀集、罗定等盆地。全省最高峰为湘粤交界处的石坑崆，海拔1902米。省域中部和南部沿海则为冲积平原和低丘及台地。珠江三角洲是其最大的河流冲积平原，第二大平原当属潮汕平原，此外还有高要、清远、杨村与惠阳等众多小的冲积平原，水土条件相当优越。

广东省河流众多，以珠江流域（东江、西江、北江和珠江三角洲）及独流入海的韩江流域和粤东沿海、粤西沿海诸河为主，集水面积占全省面积的99.8%，其余属于长江流域的鄱阳湖和洞庭湖水系。

变幻多端的地形和奔腾不息的江河造就了广东丰富的旅游资源。被誉为广东"四大名山"的丹霞山、罗浮山、西樵山和鼎湖山，它们或丹山碧水，或洞天奇景，或山湖相映，

A **B**

A 石坑崆

石坑崆位于广东韶关市乳源县城西北70千米的湘粤交界处，海拔1902米，是广东省境内海拔最高的山峰，素有"天南第一峰"、"广东屋脊"之称。

B 珠江三角洲

珠江三角洲简称"珠三角"，位于广东省中南部、珠江下游，是珠江干流及其支流西江、北江和东江冲积所形成的三角洲平原，面积约1.1万平方千米。珠江三角洲毗邻香港和澳门，与东南亚地区隔海相望，海陆交通便利，被称为祖国的"南大门"。

15

吸引了众多游客，成为胜似仙境的旅游胜地。"色如渥丹，灿若明霞"的丹霞山，因丹霞地貌而闻名，是著名的世界地质公园。罗浮山被誉为"岭南第一名山"，司马迁曾称"名山五千，五岳作镇，罗浮括苍辈十出，为之佐命"，其盛名可见一斑。西樵山是一座古老的死火山，其山顶的天湖是火山遗留的火山口，无与伦比的景观令人惊叹。"北回归线上的绿宝石"鼎湖山可谓流泉飞瀑，幽深繁茂，向来为著名的佛教与旅游胜地，被称为华南"活的自然博物馆"。

风光秀丽的白云山峰峦叠嶂，登高可一览广州美景，遥看珠江如玉带。因苏东坡诗句而闻名的惠州西湖原名丰湖，景致婀娜，色彩斑斓，与杭州西湖、颍州西湖齐名。美丽的肇庆星湖，因兼得"西湖之水，阳朔之山"而被誉为"岭南第一奇观"。拥有52千米黄金海岸线的大亚湾，海水清澈，沙滩绵延曲折，沙质柔软细腻，近海拥有近百个千姿百态的岛屿，呈弯月状分布，被誉为"海上小桂林"。

广东海岸线曲折漫长，759个岛屿星罗棋布地"洒落"在沿岸海域，成为广东沿海最为重要的一道风景线，可谓山海相嵌，海天交融，无不惹人眼球，令人流连忘返。茂名浪漫海滩的沙滩洁白、细腻，如丝般顺滑，一间间巴厘岛、马尔代夫风格的茅草屋矗立其上，各具特色，无不充满着浪漫的气息。素有"南方北戴河"和"东方夏威夷"之美称的阳江海陵岛海滩广阔，一派海阔

天空，其十里银滩被《吉尼斯世界纪录》评为世界上最大最宽的海滩。三门岛位于大鹏湾与大亚湾的汇合处，是我国目前保存最完好的自然生态海岛之一，犹如一个天然的植物园，被人们称为"广东的马尔代夫"。

依山傍水之地，陆海交汇之所。在广东这块开放、富饶的土地上，你能感受到的自然之美远远超乎你的想象。这种自然之美，就像岭南漫山竞放的禾雀花，在这块红土地上，在清幽的曲径之间，向着自由与阳光热烈开放。

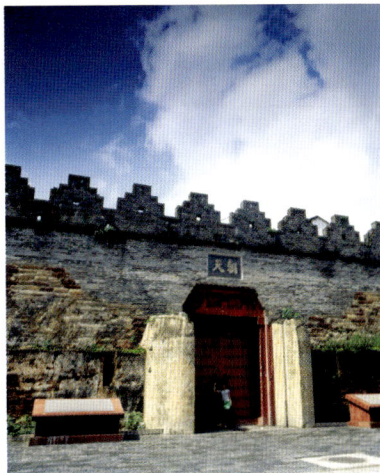

A 海陵岛

海陵岛位于广东省阳江市，四面环海，水碧、沙净，被誉为"一块未经雕琢的翡翠"，有"南方北戴河"和"东方夏威夷"之美称。从2005年起到2007年，海陵岛连续3年被《中国国家地理》杂志社评为"中国十大最美海岛"之一。

B 肇庆古城

肇庆是岭南文化的发祥地之一，历史文化悠久。肇庆旧城区内的古城墙始建于宋代，至今仍保存完整，为全国罕见。

历史悠远，称谓弥新

✈ **Guangdong**

从马坝人活动地域到今日广东

:: 广东历史悠久，很早以前，广东的先民就已经在这片土地上生息、繁衍。在《吕氏春秋》中，广东被称为"百越"，《史记》中称"南越"，《汉书》中称"南粤"。在古文献中，"越"与"粤"互为通假字，可以互调使用。隋唐之后，"粤"泛指岭南一带的地方，也称"南粤"。在历史的长河中，"广州"、"广东"等地名次第出现，逐渐演化成现在的广东省及其辖境。

早在十二三万年以前的旧石器时代，岭南地区的曲江盆地马坝镇就出现了早期智人马坝人。距今1.6万至1.4万年间，在漠阳江上游的阳春陂面镇鹿村岗一带，有旧石器时代晚期至新石器时代早期人类活动遗址（阳春独石子文化遗址）。进入新石器时代后，原始人类活动开始遍布广东北江、东江和韩江流域及湛江至汕头的沿海平原地区。商和西周时期，广东先民百越族就已经和中原地区有了经济贸易和文化上的往来。春秋战国时期，岭南越族人与楚国、吴国及越国的关系已十分密切，相互之间的来往十分频繁。相传周夷王八年（前878）时，楚子熊渠"乃兴兵伐庸，扬粤，至于鄂"，即指楚国派人征伐今天的广东，并设置楚庭。现在越秀山的中山纪念碑下，还有一座刻着"古之楚庭"的石牌坊，就记载了这个传说。《国语·楚语》上也有"抚征南海"的记载，可见当时岭南与楚国就有军事和政治上的关系。

秦始皇统一六国之后，又继续派兵南征百越，攻打岭南。公元前219年，秦始皇派屠睢为主将、赵佗为副将，率领50万大军攻打岭南。屠睢因为对当地百姓大开杀戒，被当地人用毒箭射死，后秦始皇重

赵佗像

赵佗是开发岭南的第一人，他创立的南越国使岭南从原始社会的分散部落统治，一跃跨入了封建社会的有序发展，为今后的历史发展奠定了坚实的基础。

马坝人复原像

马坝人，距今12.95万年至13.5万年，是介于中国猿人和现代人之间的一种古人类型，是直立人转变为早期智人的重要代表。马坝人是中国东南地区旧石器时代中期的人类，也是迄今为止广东省发现的唯一古人类。

新任命任嚣为主将。任嚣和赵佗一起率领大军，经过4年的努力，于公元前214年完成了平定岭南的大业。之后，秦始皇在岭南地区设"桂林"、"象"、"南海"3个郡。桂林郡包括今广西中部和北部的地区；象郡则包括现在的广西东部和广东高州、雷州、连州，以及海南岛和越南东部的广大地区；南海郡则辖番禺、龙川、博罗、四会4个县，包括了今广东的大部分地区。任嚣任南海郡尉，郡治番禺（今广

州）。这是广东历史上第一次划分行政区，任嚣也成为第一代岭南王。

公元前208年，在中原战乱之时，任嚣突然病重，委任龙川县令赵佗代理南海郡郡尉。任嚣死后，赵佗即起兵隔绝南岭通往中原的道路。秦朝灭亡之际，赵佗武力攻打桂林、象郡，建立南越国，自称"南越武王"。当时，广东除今连州及昌乐北境属长沙郡管辖外，均在南越国控制范围内。汉武帝建元四年（前137），赵佗去世，其后代续任了四代南越王，历时93年。公元前111年，汉武帝平定南越，将南越划分为南海、苍梧、郁林、和浦、交趾、九真、日南、儋耳、珠崖9个郡。东汉末年，交趾部改为交州，除监察权外，还拥有军政大权，成为郡上一级政府，地方行政制度也就从郡县二级变为州、郡、县三级。

赤壁之战后，魏、蜀、吴三国鼎立局面形成。公元210年，吴国的孙权任命

21

广州博物馆

广州博物馆馆址镇海楼，是一座具有地方特色的综合性历史博物馆，是收藏和展示广州地方历史文物的重要场所。

步骘为交州刺史。217年，步骘将交州州治从广信东迁至番禺。264年，东吴为了便于治理，又将南海、苍梧、郁林、高凉4个郡从交州划出，另设广州，州治番禺，广州由此得名。

南北朝时，中国政局南北分裂。南朝统治者对越族人实行笼络控制政策，在原地大量封官，导致州、郡数量猛增。隋初，设广州、循州（今惠州）两个总管府统领诸州。隋炀帝废州为郡，改为郡、县两级，大加省并，今广东省境分属10郡、74县。

唐朝贞观元年（627），分天下为十道，岭南道辖今福建南部、广东全部、广西大部及越南北部地区，地方则常设州、县。岭南45州分属广州、桂州、容州、邕州、安南5个都督府。655

年后，5府皆隶属于广州，长官称五府经略使，由广州刺史兼任。肃宗至德六年（761），升五府经略使为岭南节度使。懿宗咸通三年（862），岭南道划分为东、西两道，东道治广州，今广东大部分地区属岭南东道，两广分为东西也由此开始。

宋朝对唐朝的行政制度有所继承又有所调整，地方行政制度分路、州、县三级，今两广地区设广南东路14州和广南西路7州，辖61个县。广南东路治所在广州，西路治所在桂州，今广东大部分地区属于广南东路，"广东"省名即为"广南东路"的简称。

元朝地方行政分省、路、府、县四级，广东分属江西行省、湖广行省。在省之下、路府之上设道，是为承转机构。今广东省境内分为广东道（道治在广州）和海北海南道（道治在今雷州市）。明洪武十三年（1380）置广东布政使司，广东成为明朝的一个直隶和十二个布政使司之一。当时，将中央下辖的直隶和十二个布政使司俗称为"省"。过去长期隶属广西的雷州半岛和海南岛划归广东管辖，广东省区轮廓自此基本形成。清初承袭明制，但将明时的布政使司改称为省，"广东省"的名称正式开始使用。清时设总督管辖广东、广西两省，称"两广总督"，总督府驻肇庆，乾隆十一年（1746）又迁到广州。清代时，西沙群岛和南沙群岛属于广东省琼州府的万州管辖，广东省最南的辖境是南海诸岛的曾母暗沙，清政府也经常派水师在南海巡视。

民国时期，广东省的名称和范围同清代相同，但改为省、县二级制，并在省、县之间分区设置绥靖区。1949年10月14日，广州解放。之后广东行政区域多有变动。1981年，设立西沙、南沙、中沙群岛办事处，由海南行政区直接领导。1983年以后，广东开始实行市管县、乡镇管村的新体制。1988年，中央政府将海南行政区从广东省划出，另设海南省；同年，广东开始取消地区设置，全面实行地级市管县体制，以及乡镇管村体制。至今广东省的行政区划是下设广州、深圳、珠海、汕头、佛山、韶关、湛江、肇庆、江门、茂名、惠州、梅州、汕尾、河源、阳江、清远、东莞、中山、潮州、揭阳、云浮21个地级市，其中广州和深圳为副省级城市。下分121个县级行政区，包括58个市辖区、23个县级市、37个县、3个自治县。23个县级市名义上直属省政府，由地级市暂为代管。

深圳夜景

经过改革开放30多年的发展，广东已经成为全国经济第一大省，全省经济社会事业呈现出蓬勃发展的良好态势。经济的发展让这片古老的百越之地焕发着新的生机。

南北荟萃，中西交融

✈ Guangdong

兼容并蓄、皆为我用的多元开放文化

:: 广东不仅历史悠久，更富含独具特色的文化。这里是"海上丝绸之路"的起点，是中国最早对外交流的窗口。这里有南越文化的结晶，有客家文化的魅力。这里还是中国最大的侨乡，是中国侨乡文化的典型代表。在这片土地之上，南北民俗荟萃，中西文化交融，各种语言交汇，迥然不同的风土人情互相影响，互相渗透。这种民族与文化的长期融合，让广东充满了和谐而独特的文化韵味。

▶ 历久弥新的"海上丝路"文化

"海上丝绸之路"是我国古代对外海上贸易的通道，发轫于秦汉时期，拓展于三国隋朝时期，繁荣于唐宋时期，转变于明清时期，是已知的最古老海上交通航线。"海上丝绸之路"不仅运输丝绸，还运输瓷器、五金、糖等出口货物，以及宝石、药材、香料等进口货物，是我国古代海道交通的大动脉。追源溯流，"海上丝绸之路"的始发港，便是我国外贸名城——广州。

广州在秦汉时期被称为"番禺"，地处珠江口北缘，是西、北、东三江出海的汇合处；南濒南海，往南行可以直达东南亚，往西行可到印度洋，通西亚、北非和南欧，往东行可通过太平洋与美洲交往，具有得天独厚的地理优势。所以，一直以来，广州都是岭南与中原及域外交往的货物聚散地，形成了以广州为中心和枢纽的古代陆海运输网络系统。

《淮南子·人间训》记载，秦始皇统一六国进军南岭时，番禺就已经成为"犀角、象牙、翡翠、珠玑"等奇珍异宝的集散地。司马迁在《史记·货殖列传》一文中也有同样的说法："番禺亦其一都会也。珠玑、犀、玳瑁、果、布之

海上丝绸之路线路图

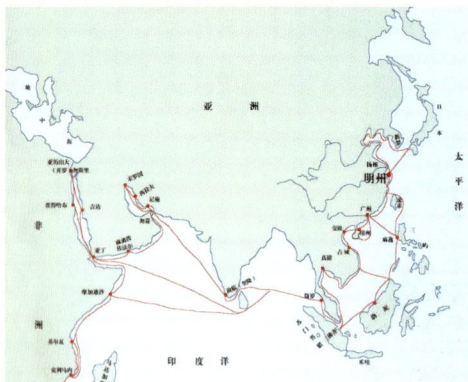

凑。"《汉书·地理志》则说："粤地……处近海，多犀、象、玳瑁、珠玑、银、铜、果、布之凑，中国往商贾者，多取富焉。……自日南障塞、徐闻、合浦船行可五月，有都元国；又船行可四月，有邑卢没国；又船行可二十余日，有谌离国；步行可十余日，有夫甘都卢国；自夫甘都卢国船行可二月余，有黄支国……" 文中所提到的日南、徐闻、合浦，都是汉代番禺的外港，始发点则是集散地内港番禺。

在广州南越王墓出土的文物中，有四个方形炉身并连在一起的四连体熏炉，这是一种燃熏香料的器具，而香料主要产自南洋地区。另外，南越王墓墓主的棺木中放置有一个扁球形的银盒，高12.1厘米，腹径14.8厘米，重272.6克。盒盖与盒身均有一排锤揲成交错凸瓣式样的对称花纹，这种造型与纹饰均与中国器物的传统风格完全不同，却与伊朗古苏撒城（今舒什特尔）出土的刻有波斯薛西王（前486～前463）的银器风格类同。可见，这个银盒是来自西亚的"舶来品"。

相关文献、文物进一步表明，早在公元前3世纪，广州就已经为海上丝绸之路的形成奠定了牢固的基础，随后，广州逐步与东南亚、西亚、印度、阿拉伯等地区建立了经济上的联系，进而延伸至世界五大洲。唐宋时期，广州成为世界著名的

广东"海上丝绸之路"博物馆

"海上丝绸之路"博物馆位于阳江市海陵岛十里银滩风景区西面，是一个以"南海Ⅰ号"宋代沉船及船上文物为主的大型博物馆，对推动"海上丝绸之路学"的研究有着十分重大的作用。

贸易大港，清乾隆年间又是我国唯一的对外贸易港口。时至今日，从广州出口的丝绸，仍然驰名海内外。可以说，广州是我国历史上最早且长盛不衰的"海上丝绸之路"的始发港。

🔘 光辉灿烂的南越文化

说起中国文化和东方文明，人们常常会想到黄河中下游地区的农耕文化与粟黍文明。其实，生长在岭南这片沃土上的土著居民——古南越族，也同样创造了光辉灿烂的远古文化，并汇入中华文化这条汹涌澎湃的大河之中。

广东地处亚热带的南岭之南，依山傍海，河汊纵横。生活在这里的古南越人是一个海洋民族，他们以捕鱼和猎取海生物品为主要生活来源。他们的生活离不开江河湖海，也离不开在水上"行走"，因此形成了喜流动、不保守的个性，这便是区别于内陆文明或河谷文明的南越文化本色。

南越王墓出土了动物遗骨20多种，其中以海生动物为多。该墓还出土了620件南越人用来捕鱼和采掘、捕捉、加工其他海生动物的工具，其中有凿、镊、削刀等。这些出土文物说明古代南越人在长期采集、捕捞海产品中积累了丰富的生产经验，掌握了渔业生产的娴熟技能，并对动物的生态、习惯以及潮汐规律、气候变化等，都有了一定的了解。

古代南越人最先居住在天然洞穴里，可以遮风雨、挡烈日、防兽害，满

A **B**

🔶 A 南越国食水砖井

位于南越王宫博物馆内的南越国食水砖井，井口呈圆形，内径1.04米，深14.3米，是目前我国考古发现最深的汉代砖井。井壁用弧扇形砖错缝叠砌而成，井底铺砂岩石板。井壁与井坑壁之间用纯净的山冈土夯实，以阻隔地表污水渗入井内，确保井水清洁。

🔶 B 铜承盘高足玉杯

广州南越王博物馆藏。由高足青玉杯、托架及铜承盘三部分组成，以金、银、铜、木、玉五种材质制作，为南越国制玉工艺与金属细工相结合的杰作。这可能是南越王用来承聚甘露及服用长生不老药的器具。

足了安全的基本需要。随着生产力的发展，古越人从洞穴中走了出来，开始修建一种"干栏式"建筑，也就是用木头、竹子等构建房屋，并将楼板垫高，以楼梯上下住所的建筑。这种居室具有干燥、通风、避暑、防潮、防兽害等优点，比洞穴大为改进。1978年发现的高要茂岗新石器遗址，是珠江流域首次发现的一处水上干栏式木结构建筑遗址，距今约4000年。

现代的广东人以"会吃"而名扬四海，天上飞的、水里游的、地上跑的，到了广东人手里都会变成美味佳肴。其实，广东人的"会吃"可以追溯到古越人身上，这虽然有文化上的原因，但从更深层次上来说是环境使然。发现于东莞虎门镇的贝丘遗址，是南越人遗存中最有特色的遗址之一，所谓"贝丘"就

赛龙舟

赛龙舟是端午节的一项重要活动，在广东十分流行。其起源可追溯到原始社会末期，最早是古越族人祭祀水神或龙神的一种祭祀活动，后来演变成纪念爱国诗人屈原的活动。

是积贝成丘，古越人吃剩下的贝壳竟然能堆成小山，可见其数量之巨。当强劲的中原文化翻山越岭来到岭南时，这些饮食文化仍然能保存至今，并形成了"八大菜系"之一的粤菜，可见其生命力有多么强大。

和中原汉人"身体发肤受之父母"的观念不同，南越人喜欢把头发剪得很短，并喜欢在身上刺上各种颜色和花纹的文身。文身除了装饰作用外，更深层次的作用是隐藏自己。在世界上其他比较炎热地区的人也都有文身的习俗。在一片丛林中，身上绘有和周围环境相似颜色的花纹，可以有效地保护自己。

魅力无穷的客家文化

从西晋至唐宋时期，由于战乱、饥荒等原因，居住在黄河流域的汉人数次从北方南迁，抵达闽、粤、赣三地交界处。在数千年与当地居民的交流、融合中，逐渐形成了我国一支既不同于中原汉人，又区别于当地土著居民的特殊群体——客家人。在特定的历史条件下，受当地环境条件的影响，在客家人居住的广大地域，形成了独具特色的客家文化。广东省是我国客家人最多的省份，相对集中于粤东、粤北地区，梅州、韶关一带最多。处于一个相对独立的地理区域，广东客家文化既具有典型性又具有独特性。

从中原而来的汉人南迁至闽粤赣交界处的山区后，为了防止盗贼打劫和猛兽的袭击，建造了独具特色的可以御外凝内的客家民居。这些客家民居结构别致，造型奇特，集建筑结构的严谨性、建筑功能的实用性、建筑艺术的审美性和家族思想与宗教信仰的特殊性于一体，在我国乃至全世界民居建筑中都占有重要的地位。常见的传统客家民居有土楼、围龙屋、走马楼、五凤楼、四角楼、一字形屋、中西合璧式大屋、上下堂方形屋等，其中以土楼、围龙屋最为典型。

客家土楼堪称世界民居中的一朵奇葩。土楼是以土作墙而建造起来的集体建筑，有圆形、方形、八角形和椭圆形等形状，规模宏大，造型精美。小的土楼可容纳三四十户人家，大的甚至可容纳七八百人，充分体现了客家人聚族而居的民俗风情。

围龙屋是一种富有中原特色的典型客家民居建筑，与北京的"四合院"、

陕西的"窑洞"、广西的"干栏式"和云南的"一颗印"合称为我国最具乡土风情的五大传统住宅建筑形式，被中外建筑学界称为中国民居建筑的五大特色之一。围龙屋前半部为半月形池塘，用来放养鱼虾、浇灌菜地和蓄水防旱、防火等；后半部为用来居住的房舍建筑，前低后高，有利于采光、通风、排水、排污。

在饮食习惯方面，客家人既保留了中原饮食特色，又根据当地自然条件，在长期的历史演变中形成了独具特色的客家菜系和风味小吃，梅菜扣肉、盐焗鸡、糯米饭、烧卖等都是久负盛名的客家美食。客家菜取料以家禽、家畜和山珍为主，刀工粗狂质朴，形粗块大，烹制重焖煮，少作烧烤，以鲜香脆嫩和原汁原味为主要特色。这种烹饪方法，既体现了粤菜制作的讲究，又包含了北方人追求经济、实惠的精神。

在漫长的迁徙过程中，客家人坚持讲"阿娓语"（中原母语），并吸收、融合当地土语，形成了保存中原音韵而又相对独立、自成体系的客家方言，即客家话。客家话是客家人区别于闽粤地区其他居民文化的根本特征，是客家人保存古汉语文化的最明显标志，也是研究古代汉语的活化石。

A **B** **C**

A 客家土楼——花萼楼

花萼楼位于梅州市大埔县大东镇联丰村，建于明万历三十六年（1608），距今已有400多年的历史，是粤东地区历史最久、规模最大、最具有开发价值的客家土围楼。

B 梅州兴宁围龙屋

在整个梅州地区，兴宁的围龙屋数量最多、最密集，种类较为齐全，被称为"中国围龙屋之乡"。

C 围龙屋内部景观

29

⊙ 开放进取的侨乡文化

海外华侨华人，足迹遍布世界各地。在目前的3000多万华侨华人中，祖籍广东的有2000多万人，占总数的2/3，广东也就成了中国最大的侨乡，是中国侨乡文化的典型代表。

中国人移居海外的历史可以追溯到秦汉时期，那时，中国已有"丝绸之路"通往西域，有船舶东航日本。一些人就此离开家乡，留居他乡。从唐代到

开平立园

立园位于开平市塘口镇赓华村，是1926年由当地旅美华侨谢维立先生历时10年兴建而成的私人园林。立园集传统园艺、西洋建筑、江南水乡特色于一体，其融汇中西的独特艺术风格在中国园林建筑中独树一帜。

南宋时，中国封建社会商品经济的发达和东南亚地区的落后，使得不少广东、福建等沿海地区的商人到东南亚从事贸易。其中有一部分人便在当地定居下来，成为第一代华侨。明朝时期，东南亚部分国家已变成西方国家的殖民地或贸易中继地，廉价劳动力需求增加。明朝海禁开放后，大量中国商人和破产的农民、渔民和手工艺人出国谋生。加上郑和率两万多人下西洋，增加了中国同亚非国家的友谊，为中国人出国经商和移居国外创造了更好的条件。

鸦片战争后，一些不法商人到中国南方沿海地区诱骗华人出洋做工，名为"契约华工"，实为被贩卖的苦力，被称为"猪仔"。在广东地区，这种在各城乡掳拐"猪仔"的活动十分猖獗。直到20世纪初，这种活动才趋于衰落。在这100多年里，中国约有700万人被贩卖到世界各地，从而造成了今天华侨遍布世界各地的格局。

流落海外的华侨，满怀对故土家园的思念。无力返乡的他们，只能用对故土家园习俗的坚持，作为对家乡唯一的纪念。华侨们既是中国传统文化的坚守者，又是西方先进文化的引入者。中西交融是侨乡文化的最大特点，涉及语言、观念、行为方式、建筑、服饰、民俗风情等各方面。

广州城随处可见的"骑楼"原是地中海沿岸的建筑样式。广东五邑是中国著名的侨乡，其辖区内有数千座碉楼，风格各异，有罗马式、英国古堡式、德国哥特式、伊斯兰式等，呈现出浓郁的

异国风情。由于接触西方资本主义较早，侨乡具有开放性、包容性、创新性、与时俱进等较鲜明的特点，与非侨乡地区相比，这些地区的人们具有强烈的商品意识和竞争意识，形成了敢于冒险的侨乡创业文化。

改革开放的春风吹到广东后，西方文化顺势而来，渗透其中。兼容并包的广东人，生活习惯和方式正在发生着微妙的变化。在这里，人们可以看到广东人一边享受着烹狗食蛇的传统美食，一边喝着咖啡和鸡尾酒；他们绝不会错过"醒狮烧龙"的传统民俗文化活动，也不会错过探戈和街舞；他们一边烧香拜佛虔诚地供奉着财神，一边说着流利的英语与外国人做着生意……于是，在这看似矛盾、反差很大的生活方式中，广东人找到了自己的定位。正是由于古今民俗文化的交融，中西文化的碰撞，才形成了如今多姿多彩，又颇有特色的岭南民俗。

而这"兼容并包，中西皆为我用"的特色，都是由广东的地理位置决定的。因为广东没有太多忧国伤怀的压抑之情，没有太多历史给予的重担。在这里，有秀丽多姿的自然风光，有浩瀚无垠的大海，有人们乐观向上的性格。这一切，都让这里的人眼界广阔，富有创新精神。

广东这片百越之地的迷人之处就在于它的色彩缤纷。这里是外乡人的聚集地。不管你从何方而来，只要踏上这块土地，就不会有"独在异乡为异客"的孤独感。因为这是广东，它兼容并包，勇于接纳，蓬勃向上。

平安大戏院

平安大戏院是广州市剧场的老字号，1953年创建，是典型的骑楼式建筑，以演出经营为主体，包含粤剧、曲艺等多剧种演出。

峥嵘岁月，流金时光

✈ **Guangdong**

经济全球化时代中崛起的广东经济

:: 广东自古以来就是中国著名的商埠，时至今日，它已经拥有2000多年的开放贸易历史。但是，自地理大发现开始的寻求黄金和香料为主的第一波经济全球化起，至工业化和新兴生产方式向欧洲、北美及东亚等地域的扩张而形成的后续几个波次的经济全球化浪潮，都未能使广东这块拥有天时地利的土地获得崛起的机会。如今，乘着改革开放这艘快艇，广东经济终于得以崛起，取得了突飞猛进和令人瞩目的成就，广东一跃成为全国第一经济大省。尤其是"九五"计划以来，广东的经济实力与竞争实力更是势不可挡。2013年全国两会，对广东显得尤为重要，"三个定位，两个率先"成为全省工作的总目标，如何以实干托举"中国梦"，是这个"经济排头兵"新的前进方向与前进动力。

▶ 搭上新一轮经济全球化浪潮的快车

20世纪70年代末，随着计算机信息技术革命的兴起，世界经济全球化掀起了一个新的浪潮。新的经济全球化浪潮，使得世界主要发达国家的经济合作有了空前规模的深化。中国的改革开放适应了这一经济潮流。对于广东而言，在改革开放中起步最早，占尽天时、地利，创造了辉煌的发展业绩。改革开放政策实行后，我国率先在广东的深圳、珠海、汕头三个城市建立了经济特区。作为国内进一步改革和开放、扩大对外经济交流的试点区，在享受国家优惠政策的基础上，扩大地方和企业的外贸权限，鼓励增加出口。经过30多年的发展，深圳、珠海、汕头三个经济特区已经发生了翻天覆地的变化。

30多年前，深圳还是一个仅有3万多人口、两三条小街道的边陲小镇；珠海是广东省最贫困的县之一；汕头则是一个人多地少、以农为主的地区。如今，三个特区已经走出了一条向社会主义市场经济迈进之路，一条不断扩大利用海外资源、拓展海外市场之路，既积聚了相当的经济实力，同时又各具自身特色，为今后的可持续发展打下了坚实的基础，已经成为中国富有特色的现代化城市。

▶ 承接港澳制造业转移

改革开放早期，国家设立经济特区，为珠江三角洲、广东乃至全国打开了三扇窗，为以港澳为"跳板"的外资进入中国提供了政策示范作用。

以香港为代表的国际市场、资本、技术的进入促成了"前店后厂"的发展分工，珠江三角洲成为"世界工厂"。以特区为龙头的珠江三角洲地区充分利用先行开放的特殊政策，发挥临近港澳的地缘优势，通过"三来一补"（即来料加工、来件装配、来样生产、补偿贸易）形式承接了大量港澳传统制造业的产业转移。

在改革开放初期，广东省以轻工业为主导，1978年，广东规模以上工业总产值为180.73亿元，其中轻工业占56.6%。从1980年代中期开始启动的、以乡镇企业和外资企业为主导力量的工业化更是以轻工业作为主导产业而发展的。这使广东在国内轻工业产业量极为短缺的时代，迅速实现了改革开放后第一波工业化。

▶ 工业的转型升级

改革开放之后，广东的工业结构一直以轻型为主，1993年，广东轻工业占工业总产值的比重高达66.4%。但自1998年以来，广东重工业发展明显加快，比重迅速增加，特别是从2001年开始，广东大力推进工业产业结构调整，突出抓好重化工业、高新技术产业发展，由加工业大省向制造业大省转变，由轻工业为主向轻重工业并举转变。2002年，广东的工业结构迎来了转折，从该年起，广东的重工业比重开始超过轻工业，重工业逐渐代替轻工业开始抬头向上，广东的工业化完成了再一次的转型。

A B

A 深圳证券交易所

B 广州珠江新城的河畔夜景

作为广州CBD的珠江新城，正承担着广州总部经济核心的地位和责任。珠江新城是广州中心商务区的组成部分，未来将发展成为国际金融、贸易、商业、文娱、外事、行政和居住区。

整体经济向服务型经济转型

步入21世纪后，广东的经济继续高速发展。2000年，珠三角创造的生产总值（GDP）为7361亿元，2004年为13394亿元。为了谋求经济的更快发展，进一步实现珠三角与内地和港澳地区在资源、资金、技术、市场、劳动力等方面的互补，广东面临着以重化工业为主导的工业经济须尽快向以新型工业化和服务经济为主导的经济转型压力与要求，广东开始了新一轮的经济结构调整。

2007年广东提出了构建"两大板块、四个层次"的区域经济新格局的要求。"两大板块"是指沿海经济带和山区经济带；"四个层次"为中心城市广州和深圳、珠三角城市群、以汕头为中心的粤东城镇群和以湛江为中心的粤西城镇群、山区。

中心城市逐步形成以服务业为主的

产业结构，充分发挥集聚和辐射功能。珠三角城市群推进基础设施一体化，产业合理布局，着力发展先进制造业和现代服务业，更好地发挥了经济增长的引擎作用。着力打造东西两翼和山区日益显现的"区位优化"、"产业吸纳"、"重化集聚"这三股强劲动力，粤东、粤西加强工业化步伐，启动项目带动战略、招商引资战略和民营经济带动战略；粤北则利用区位条件改善的有利时机，乘势而上，加快融入珠三角。

改革开放以来取得的经济成就

2013年是广东省改革开放和现代化建设取得新进展新成绩的重要一年。2013年全省实现地区生产总值（GDP）62163.97亿元，比2012年增长8.5%。其中，第一产业增加值3047.51亿元，增长2.5%，对GDP增长的贡献率为1.3%；第二产业增加

值29427.49亿元，增长7.7%，对GDP增长的贡献率为45.4%；第三产业增加值29688.97亿元，增长9.9%，对GDP增长的贡献率为53.3%。三次产业结构为4.9：47.3：47.8。广东人均GDP达到58540元，按平均汇率折算为9453美元。

全年进出口总额10915.70亿美元，比上年增长10.9%。其中，出口6364.04亿美元，增长10.9%；进口4551.66亿美元，增长11.0%。进出口差额（出口减进口）1812.38亿美元，比上年增加170.67亿美元。

"经济排头兵"的未来"中国梦"

2012年12月7日~11日，中共中央总书记习近平到广东考察时，对广东提出了殷切的期望：广东要努力成为发展中国特色社会主义的排头兵、深化改革开放的先行地、探索科学发展的实验区，为率先全面建成小康社会、率先基本实现社会主义现代化而奋斗。

这"三个定位、两个率先"，意味着新起点上的广东在强调经济健康走向的同时，必须保持合理较快的增长速度，也就是处理好加快发展和调整经济结构之间的关系，以行动为实现中华民族伟大复兴的中国梦做出应有贡献。

A B C D

A 深圳盐田码头

深圳是我国改革开放后设立的第一个经济特区，是改革开放的窗口。深圳拥有盐田、蛇口、赤湾、妈湾、招港五大码头。其中盐田港是深圳最优质港口，为我国第二大港口。与世界大多数船公司均开有直航线路，尤以至欧美的航线最为密集。

B 汕尾红海湾风电厂

C 龙眼是广东重要的经济作物之一

D 荔枝

CHAPTER
02

自然奇景
千里画廊，毓秀岭南

广东山川秀丽，名山秀水众多。四大名山各具特色，罗浮山之深邃，西樵山之险峻，鼎湖山之秀美，丹霞山之艳丽，都让人沉醉其间。肇庆星湖兼具杭州西湖水之秀美和广西桂林山之挺拔，奇山丽水间留下许多浪漫的传奇故事。流连于惠州西湖的青山绿水间，层林尽染，鸟语花香。喝一口山间溪水酿造的美酒，微醺里，听听东坡与朝云的凄美爱情传说，无论是"玉塔微澜"，还是"苏堤玩月"，都成为梦的背景。

广东有中国最长的海岸线，漫步在大亚湾52千米的黄金海岸上，眼前是辽阔的大海，脚下是细软的沙滩，微风带着海洋的气息，轻柔抚摸我们的肌肤，夜幕降临，渔歌晚唱，顿觉烟火人生也有温暖的静谧与悠长。

✈ **Guangdong**

罗浮山
岭南第一名山

:: "罗浮山下四时春，卢橘杨梅次第新。日啖荔枝三百颗，不辞长作岭南人。"宋代诗人苏东坡在游罗浮山时所作的这首诗，让罗浮山家喻户晓。素有"岭南第一名山"之称的罗浮山是我国十大名山之一，位于广东省惠州市博罗县北35千米处，为罗山与浮山的合体，方圆260多平方千米，有大小山峰400余座。罗浮山自古以来僧道云集，名贤荟萃，留下了丰硕的文化成果，并对古代岭南文化产生了深刻的影响。

⊙ 古老山脉罗浮山

罗浮山山体古老，构造上属于粤东地块，中生代以来一直处于上升状态。发生于7000万年前侏罗纪至白垩纪的燕山运动，导致大规模的花岗岩侵入和构造断裂活动，形成了东北—西南走向的断裂带。从第三纪到第四纪喜马拉雅运动期间发生的间歇性上升运动，使得罗浮山成为四周陡峭、山势雄伟突兀的奇异地形。在长期的风雨洗礼中，大部分燕山运动期侵入的花岗岩体上覆盖的地层被剥蚀，花岗岩露出地表，形成花岗岩穹隆山体。

罗浮山由罗山与浮山合抱而成，罗山主峰为飞云顶，海拔1296米；浮山主峰为上界三峰，鼎足而立，与飞云顶相峙。罗浮山有大小山峰432座，较著名的有玉女峰、铁桥峰、骆驼峰和上界峰等，壁峭崖危。山中有瀑布流泉980多道，尤以白石漓、黄龙洞、白水门三处瀑布最为著名。白水门位于飞云顶下，从山巅飞流而下，宛如一道巨大的水门，水声如雷，十分壮观。特殊的地质构造基础，使罗浮山的地下矿泉水资源也很丰富，矿泉水从岩层深处喷涌而出，形成自流泉。目前，断裂带北侧的矿泉水资源已被开发，是富含锌元素的健康饮料。

罗浮山地处北回归线，常年高温、多雨天气，属于南亚热带季风气候区，再加上多种多样的土壤类型，使得这里成为了南亚热带的天然植物园。这里生长着众多常绿乔木和阔叶林，还有大量藤本、草本植物。植物种类多达3000种，其中中草药植物就有1240种。罗浮山还有不少古老的植物类群，如松叶蕨、石松属等。该区还是广东珍稀濒危植物种类较丰富的地区，且多为古老的残遗植物或中国特有品种，这对研究罗浮山植物区系的起源和演化，对物种资源的保存，都具有重要的科学意义。山中还盛产荔枝、龙眼、柚、橙、橘、柑等水果。苏东坡被贬至岭南，游览了罗浮山之后，不仅深深爱上这里的美景，也深深爱上了这里的美食。因此才有了那句脍炙人口的"日啖荔枝三百颗，不辞长作岭南人"。

除了丰富的植物资源外，罗浮山还有丰富的动物资源。已知的有两栖爬行动物39种，名贵的五色雀等飞禽40多种，还有昆虫类70多种，有国家二级保护动物、并被列入《濒危野生动植物种国际贸易公约》附录的3种。

⊙ 优美的自然风光

走近罗浮山，首先领略的是洞天奇景的无穷魅力。步入其中，既有泉水潺

罗浮山景区

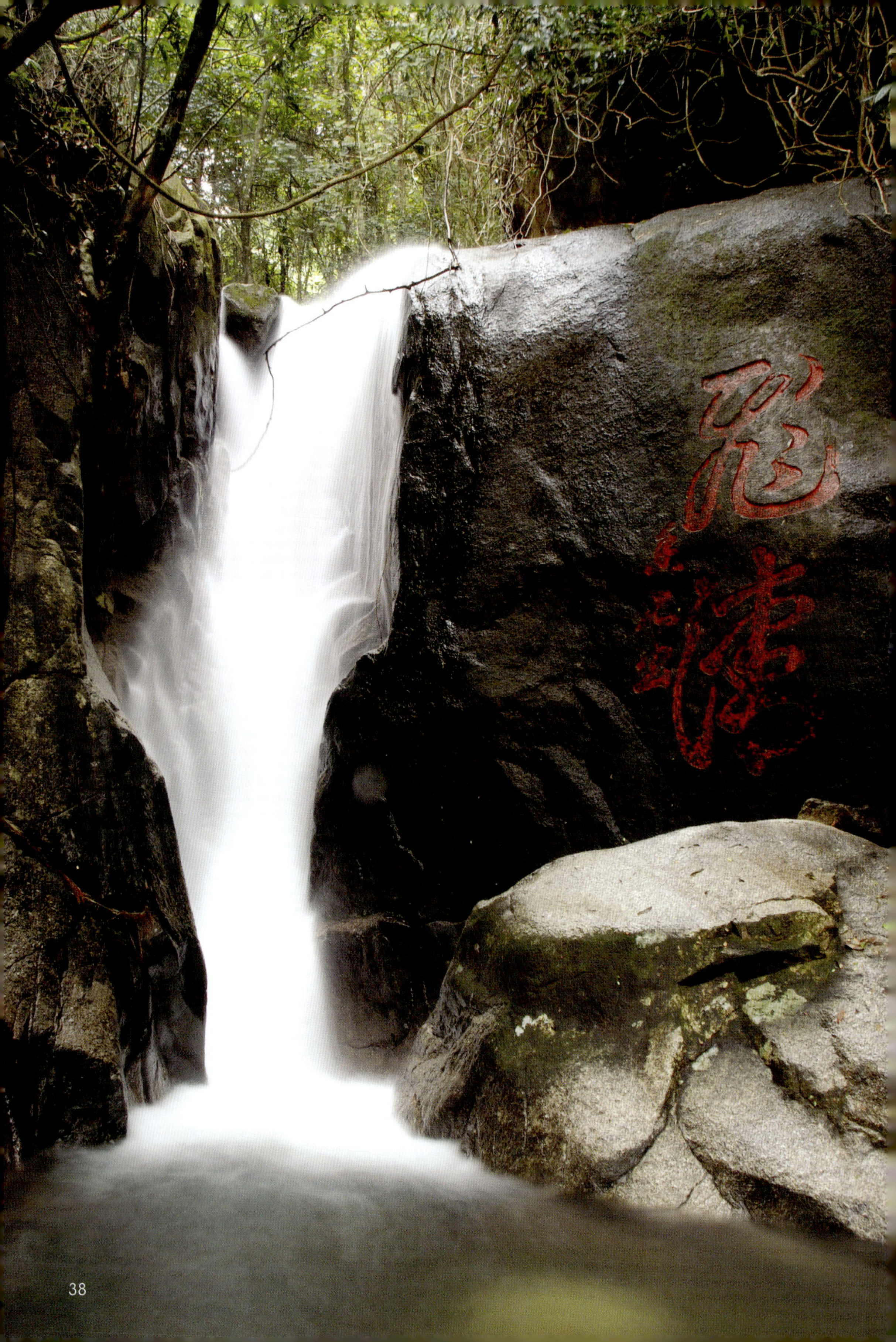
飛瀑

潺、古木葱茏，也有鸟语花香，就像置身于神秘清凉的异境。罗浮山有朱明、蓬莱、桃源、蝴蝶、夜乐等18个大洞天，有通天、罗汉、伏虎和滴水等72个小洞天，其中朱明洞天为罗浮山十八洞天之首，呈拱形的洞门，坐北向南。在象山、狮山、马山和梅花山的环抱中，别有一番景致。洞内大洞套小洞，背靠青山，前有溪涧，古木苍苍，一如与世隔绝的世外桃源，清幽雅致，是罗浮山风光的精华所在。

"罗浮山下梅花村，玉雪为骨冰为魂。纷纷初疑月挂树，耿耿独与参横昏。"这既是苏东坡对罗浮山梅花山的赞美，也是梅花竞相开放时的真实写照。簇簇香雪梅花绽放枝头，与罗浮山的神仙洞府和青山绿水交相辉映，充满诗情画意，让人乐不思归。

如果错过了观赏梅花"花飞成雪"的景象，也不必沮丧。每年的3月初，虽然乍暖还寒，但漫山遍野的杜鹃花已经迫不及待地吐露芬芳迎接春天。而从分水坳到飞云顶，从山脚到鹰嘴岩，竞相

A 飞涛
B 白莲湖

罗浮山白莲湖，草木葱茏，满眼皆绿，睹之令人心旷神怡。

C 象山

象山，一名南岩，又名台星岩，俗称读书岩。岩下有一雄奇石洞，是宋代阆中有名的三陈（陈尧叟、陈尧佐、陈尧咨）少时读书的地方。后来尧叟、尧咨先后中状元，尧佐为宰相，故此处又称"状元洞"、"将相堂"。

怒放的杜鹃花延绵成一个争奇斗艳的花廊。花色缤纷，红得肆意，白得皎洁，粉得缠绵，再加上罗浮山上终年不散的缥缈云雾，这就是春日罗浮山独有的云中花境，似幻似真，恍如梦境。

白莲湖位于朱明洞天的中心，因昔日遍植白莲而得名。据史料记载：明朝"吴中四才子"之一的祝枝山曾记述白莲湖的白莲"千万计，花过巨，中大如盖，微风吹之，撼撼如玉石切磋之音"。可见当时白莲湖的迷人景象。

⊙ 深厚的文化底蕴

罗浮山不仅有雄伟秀丽的自然风

光，而且文化底蕴深厚。罗浮山是岭南道教的发祥地和佛教圣地，在广东宗教文化史上占有突出的地位。

罗浮山是中国十大道教名山之一，为道教十大洞天之第七洞天，七十二福地之第三十四福地。罗浮山层峦叠嶂，清幽的环境历来被道家视为结庐修炼的好去处，有"神仙洞府"之称。早在秦汉西晋时期，就有一些方士如朱灵芝、梁卢、任敦等对罗浮山的风光一见倾心，进山修道。

东晋年间，著名道教学者、炼丹家、医药学家葛洪带着家人移居罗浮山修道炼丹、著述行医。葛洪在罗浮山居住36年，写下了《抱朴子》等著作，阐述了道教理论，继承并改造了早期道教的神仙理论，发展了老子的道家玄学，并将儒家忠孝仁爱的精神纳入道教体系，对道教的丹鼎派产生了重要影响。

为了弘扬道教，葛洪修建了冲虚

A **B**

A 冲虚观

冲虚观为全国重点道教宫观，已有1600余年历史，历经十余朝代的变迁，现规模及建筑为清同治年间（1862～1874）的格局。其屋檐雕梁画栋，观顶双龙戏珠为清代佛山著名陶工屋奇玉所制。1982年后，冲虚古观又经精工修缮，殿宇更为壮丽。

B 屋檐装饰

冲虚观的屋檐装饰具有典型的岭南风格。

（南庵）、白鹤（东庵）、孤青（西庵）、酥醪（北庵）四庵，并在四庵收徒讲学。冲虚观后来成为岭南所有道观的祖庭，葛洪也因此成为岭南道宗。自葛洪之后，岭南道教绵延成流，罗浮山成为岭南道教的发祥地，影响着整个岭南道教的发展方向。

元代四大家之一王蒙创作的《稚川移居图》，描绘的就是葛洪携妻带子移居罗浮山的情景，画幅为高长轴，将风景绮丽的罗浮山渲染得淋漓尽致。这幅画在2011年北京保利春季拍卖会上以4.025亿元人民币的价格成交，充分说明葛洪移居罗浮山所产生的影响重大，也昭示着罗浮山是一座天地安和、万物苏生的风水宝地。

罗浮山不仅是道家修炼的神仙洞府，其优美的自然风光同样吸引了一大批注重灵气的佛教徒驻留，因此也成为佛门圣地。东晋升平元年（357），敦煌沙门单道开来到罗浮山修行，成为最早到罗浮山修行的僧人。之后，到罗浮山修行的僧人接连不断。梁天监元年（502），天竺僧人智药入罗浮山，修建宝积寺，大大扩大了佛教的影响。大同年间（535～546），头陀僧景泰禅师来到罗浮山，在小石楼峰下结茅庵居住，广州刺史萧誉经常与他往来，改建茅庵为南楼寺，这是罗浮山最早的佛教寺院。唐天宝年间，唐玄宗赐南楼寺改名为延祥寺，设有明月戒坛，凡是岭南落发为僧者，都来此受戒，罗浮山遂成为岭南佛教圣地。

罗浮山在岭南宗教文化发展史上占有重要地位，其道佛兴衰的变化史，是岭南宗教文化历尽沧桑的见证，是一部岭南道佛文化的活的历史读本。

自古以来，罗浮山奇峰俊秀、云海苍茫的美景就吸引了无数文人墨客前来寻幽探胜，吟诗作赋。苏东坡在惠州生活了三年，常游罗浮山，并创作了《游罗浮题名记》、《游罗浮示儿子过》等诗文。明朝吏部尚书湛若水在九十岁高龄时，曾在罗浮山讲学。另外还有司马迁、李白、杜甫、韩愈、杨万里、刘禹锡、朱熹、屈大均、汤显祖等都有题咏罗浮山的名作。这些传诵久远的名诗绝对和丽词华章形成了独特的罗浮文化，为岭南古代文化的发展做出了不可磨灭的贡献。

罗浮山黄龙观

黄龙观位于罗浮山西南麓，始建于清康熙年间，由冲虚观道士张妙生创建。此处的黄龙洞，是罗浮山著名的十八洞天奇景之一。"文化大革命"期间，黄龙观被毁，只留下残墙断瓦。1992年，由香港商人投资重建黄龙观，1997年10月竣工。重建的黄龙观总面积15000多平方米，金碧辉煌，雄伟壮观，是现今华南规模最大的道观。

西樵山
珠江文明的灯塔

✈ **Guangdong**

:: 西樵山是一座熄灭了千万年的古火山，位于广东省佛山市南海区的西南部，海拔346米。山上有七十二峰，峰峰皆奇；有四十二洞，洞洞皆幽。林深苔厚，郁郁葱葱。更有湖泊、瀑布、岩壁、深潭等点缀其间。西樵山储水丰富，古人赞道："谁信匡庐千嶂瀑，移来一半在西樵。"如今有人戏称它为"绿色翡翠"、"固体水库"。游览在西樵山，如烟似梦的轻云，缠绕在远远近近的山峦间，全身心地投入到山水人文景色当中，蓝蓝的天和绿绿的山也显得更加动人起来。

▶ 美不胜收的地理景观

在四五千万年以前，西樵山所在的位置是古海湾。一次火山爆发后，喷出的大量熔岩在海水中凝结，形成了西樵山的雏形。在旧山体上又发生了几次喷发，形成了现在的七十二峰。西樵山是国家地质公园，天湖火山口也是国家级的地质遗址。

白云洞景区位于西樵山麓西部，创建于明代嘉靖年间（1522～1566），现名樵园。园周围峭壁凌空，飞泉吐玉，亭台楼阁掩映于苍松翠柏之中，又因为它是西樵山

西樵山全景

风景区的总汇，曾有"欲览西樵胜，先应访白云"之说。游览"西樵云瀑"时如在画中游，不禁为其交互掩映、错落有致的景色而流连。

天湖位于西樵山西北部，原来是个古火山口，现已成为一处水碧山青的多功能休闲公园。天湖公园北面，一座水月轩浮于水中，九曲桥横卧湖面，似玉龙卧波，又像安在绿盘上的一根琴弦。站在桥上向远处望去，奇峰兀立，群山连绵，苍翠峭拔，云遮雾绕，风光旖旎，如天上仙境，似世外桃源。湖水清澈，河中还不时地有几尾调皮的小鱼游来游去。湖水宁静，偶尔微风掠过，清亮的水声就像一个小姑娘在唱歌；湖水柔美，柔得让人忍不住去抚摸她，却又不忍碰皱她。置身天湖，只想化作这山、这水、这天空的一部分。

翠岩谷景区位于西樵山中部，入口是一条上窄下宽的漏斗状峡谷，谷内开阔，越往深处越狭窄，旁侧峭壁林立，满谷林荫覆盖，花木葱茏。谷底有急瀑汇成清潭小泉，潭旁有嵌于崖间的听瀑楼。翠岩谷景区内的主要景点有无叶井、摩崖石刻等。其中无叶井因泉水清冽、终年不歇，被誉为"樵山第一泉"，又因此井无论寒来暑往，叶落纷纷，井面断无残叶，因而得名"无叶井"。

"南粤名山数二樵"，西樵山与东樵山一起，被列为南粤名山的代表。秦牧赞颂西樵山"秀丽美于诗"，黄施民也说"西樵若问比东樵，秀倚南天此最妖"。还有学者盛赞"不上西樵山，不算到岭南"。来到西樵山，可尽情吞吐

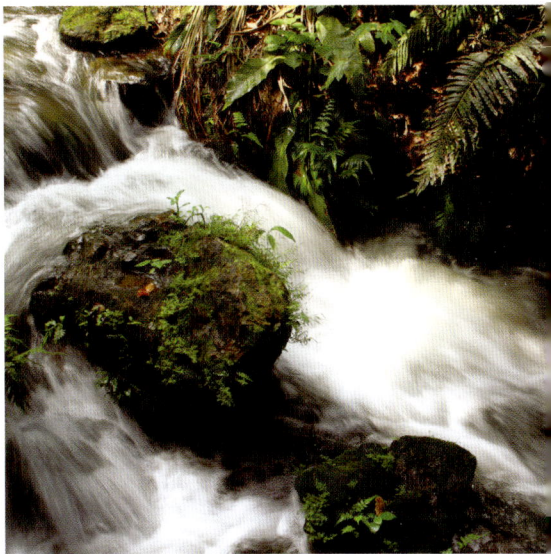

山中的溪流

西樵翠色，肆意吸纳山川灵气，将身心融入西樵山之中，真成为这山、这水、这清净的一分子，早已不是"人在画中游"，而将诗意、歌意、画意融入了心中。

⊙ 珠江文明的灯塔

考古结果表明，早在6000年前的新石器时代，西樵山就是珠江三角洲的主要采石场和石器制作厂。勤劳聪慧的西樵人打制出别具一格的细石器和双肩石斧，在这块土地上创造了"双肩石器"文化。当时，西樵山向外大规模输出石器这一生产工具，引领了生产力的发展，孕育了影响深远的珠江流域原始文明。随着新石器时代的发展，渔猎、采集、农业和饲养业兴起，推动了社会分工。西樵山石器文化持续长达3000年，一直支撑珠江文明的发展。石燕岩景区在西樵山东南部，是古采石场遗址，也

区两大人文景观。奎光楼中有魁星神，据传，魁星一手捧斗，一手执笔，用笔点上谁的姓名，谁就会高中状元。字祖庙供奉的是创造中华文字的仓颉，供奉他的庙宇在中国很少见。这两座建于清乾隆年间的文星楼，是当时西樵简村28户大户人家为了振兴文气，捐资在白云洞修建的。两楼建好后，无论学子进京，还是孩童启蒙，都要来此参拜。自此西樵文运通畅，科举昌盛，连南海也有许多学子前来，感受西樵的文气和灵气。

西樵山宗教文化特色鲜明，佛、儒、道三教融合。"南道"指岭南道家文化。在晋代，西樵山是道教学者葛洪修道炼丹的名山之一。黄大仙圣境园集道教文化、岭南建筑艺术和自然景观于一体，是信众祈福朝圣的道教圣地。另外，颇具中国特色的观音文化也令人瞩目。位于西樵山第二高峰大仙峰上的世界第一大观音坐像，是人们研究观音文化的必到之所。观音表情安详凝重，法相慈悲，观音莲花座四面环水，有四桥通达，寓意四方净土，八方德水，四边

奎光楼

奎光楼又叫文昌阁，门上一副对联：志气凌霄汉，文光射斗牛。

是古采石匠留下的杰作。

西樵山不但孕育了"南学"，也传承了中国传统文化。"文翰樵山最岭南"，明清时期，方献夫、湛若水、康有为等大批文人学子隐居在此。康有为在这里遇上了时任翰林院编修的张鼎华，之后怀着对国家前途和命运的忧虑，奔赴京城发起轰轰烈烈的"公车上书"，开启了划时代的变法革新。由此，康有为曾就读的西樵山"三湖书院"不仅获得了"戊戌摇篮"的赞誉，"岭南"也成为中国开眼看世界的名词。由于这批文人学子结庐舍、筑书院，探寻理学，锤炼心性，因此西樵山也被称作"南粤理学名山"。

奎光楼和字祖庙是西樵山白云洞景

观音坐像

皆道之佛境。而观音所在的大仙峰，完全符合"左青龙蜿蜒，右白虎驯伏，背玄武垂头、前朱雀翔舞"之最佳吉穴之势。西樵山宝峰寺有着六百多年的历史，是南粤四大名寺之一。自晋代佛教东传，在西樵山建造寺庙、弘扬佛法的高僧就很多，到了明代香火鼎盛，后来宝丰寺得到惠连法师兴教弘法，名气更大。如今，每年都有大批游人前来西樵山宝丰寺旅游和祈福。

西樵山还是"南拳文化"的发源地，一代宗师黄飞鸿就出生在这里。黄飞鸿一生以弘扬国粹、振兴武术为己任，他武艺高强，精通医术，擅长舞狮，许多影视作品都以他的事迹为蓝本进行改编和创作。

西樵山的翠岩谷同时也是岭南画派的发源地。清代画家黎简与何丹山曾常住翠岩谷写诗作画，谷内原有他们的书画室和书舍。

西樵山民风淳朴，古韵犹存。如今当地盛行"半山扒龙舟"、"新年狮艺"等民间游艺活动。来到这里，不仅可见秀丽的湖光山色，醉人的山水风光，还能体悟深厚的文化积淀和浓郁的地域风情。无论是"双肩文明"，还是"理学圣地"，乃至后来晚清时期的"维新变法"，都见证了西樵山的地灵人杰，它就像一座灯塔，照亮了珠江的文明之路，成为我国文明发展史上的一颗明珠。

天湖公园上演狮王争霸赛

每年的"五一"期间，西樵都会举行"黄飞鸿杯"中国南北狮王争霸赛。经过多年的打造，这项狮王争霸赛已成为世界顶级狮赛。争霸赛中，双狮水上高桩竞技是最大的看点之一。

肇庆星湖
湖山相映，水月岩云

✈ **Guangdong**

:: 位于广东省肇庆市北郊4千米处的星湖风景名胜区，是1982年国务院首批公布的全国重点风景名胜区之一。它由七星岩和鼎湖山两大景区组成，总面积19.5平方千米。533公顷的湖面波光粼粼，7座石山像北斗七星般列峙湖中。世人盛赞肇庆星湖既有杭州西湖的清丽妩媚，又有桂林之山的挺拔雄伟，因而星湖有"杭州之水，桂林之山"的美誉。然而，这里除却山奇水秀、湖山相映的美景，更有洞穴幽趣的魅力；有千年诗廊的诗情画意，更有瀑布飞泻的奇伟壮观。此景只应天上有？不，星湖将湖光山色与人间烟火完美地融合在一起，这才是胜似天堂的人间胜境。

▶ 七星岩：岭南第一奇观

七星岩景区以岩峰、湖泊、岩溶地貌为主要景观，自古以来便被誉为"岭南第一奇观"。七座挺拔秀丽的石灰岩山散落星湖湖面，排列状如天上的北斗七星，故名"七星岩"。星湖是将原来由西江古河道形成的沥湖扩宽而成的，总面积约460万平方米。蜿蜒交错的湖堤将星湖划分为五个湖区，湖堤长逾20千米，林荫覆道。

七星岩七座山峰分别为：阆风岩、玉屏岩、石室岩、天柱岩、蟾蜍岩、仙掌岩、阿坡岩。它们各有特点，彼此独立却又相映成趣。

天柱岩是七星岩的最高峰，一柱擎天，恰如其名。岩上多植红豆，南面有天柱阁，顶峰有摘星亭。站在天柱岩顶，星湖胜景，一览无余。

石室岩是七星岩中的主岩，也是名胜古迹最多的一座岩峰。石室岩岩顶被称为"嵩台"，传说是天帝宴请百神的地方。七星岩的岩峰下有众多天然溶洞。在石室岩下，就是素有"千年诗廊"之称的溶洞——石室洞。石室洞是星湖规模最为宏大的溶洞，其奇妙之处在于"洞中有洞"的精妙构造。穿过仅2米高的洞口，泛舟其中，才发现里面别

有洞天，宛如进入神奇的龙宫世界：石乳、石柱、石幔遍布其间，璇玑台、黑岩、鹿洞、光岩等美景让人应接不暇。洞内的摩崖石刻比比皆是，数不胜数，且多出自唐宋明清的名家之手，"千年诗廊"的称号名副其实。水月宫位于石室洞南口右侧，依山傍水，红墙绿瓦，远看如同晶莹剔透的水晶宫殿。水月宫旁的五龙亭呈放射状排列，五座玲珑剔透的水亭，中间一座八角重檐，四旁各一座四角单檐，曲栏相接，连成一体，又以飞龙桥连接湖滨，与水月宫合成一个整体。若在夜晚明月高悬时站在亭间观景，只觉得水、月、岩、云、人间、天上浑然一体。这便是著名的"星湖二十景"中的"石室藏奇"与"水月

七星岩景区

七星岩景区由七岩、八洞、五湖、六岗组成，以山奇水秀、湖山相映、洞穴幽奇见胜。

石室洞

石室洞是七星岩诸洞中开辟最早的一个。洞口高2米，洞内宽敞，顶高30余米。水洞为石室主洞，游人可以乘舟游览观赏洞内奇景。

岩云"。

另一著名的岩洞是阿坡岩东麓下的"双源洞"。双源洞中有七星岩最长的静水地下河，全长320米，由两条溪水汇合，因此称"双源洞"。该洞以形态各异的钟乳石著称，曲径通幽，瑰丽奇特，让人浮想联翩，流连忘返。

其余四岩也有各自的特色：阆风岩东、南、北三面临水，溶洞奇而多，南面的无底洞洞口直径约2米，蜿蜒而下，深不可测；玉屏岩林木丛生，有三仙阁，阁外蹬道有两凹穴，传说为神仙到访后留下的脚印。有一块大石头半悬在岩上，名"半岩"，用石头在不同地方敲击，可听到各种不同的音响；蟾蜍岩高70米，满布石沟、石笋，其中一块巨石状如蟾蜍举目望雨；仙掌岩岩顶略平，面积约100平方米，北面有几根竖立的石笋，形如托掌。东望群岩，如天仙七女临湖照影。

⊙ 鼎湖山：北回归线上的绿宝石

鼎湖山原名"顶湖山"，是岭南四大名山之首，因为山顶有湖而得名。后来，因有黄帝曾在山上铸鼎的传说，明弘治七年（1494），理学家陈献章改称为"鼎湖山"，一直沿用至今。鼎湖山位于北纬23°10′，靠近北回归线。由于地球上各大洲北回归线穿过的地方大都是沙漠或干草原，而同纬度的鼎湖山因受东亚季风的影响，呈现出一片生机盎然的森林景象，所以鼎湖山又被中外学者誉为"北回归线上的绿宝石"。

鼎湖山面积1133公顷，最高处的鸡笼山高约1000米。从山麓到山顶，依次分布着沟谷雨林、常绿阔叶林、亚热带季风常绿阔叶林等森林类型。保存较好的南亚热带森林属于典型的地带性常绿阔叶林，是有着400年历史的天然林。

鼎湖山有高等植物1843种，栽培植物535种，其中珍稀濒危的国家重点保护植物23种；以鼎湖山命名的植物有30多种。多样的生态和丰富的植物为动物提供了充足的食源和良好的栖息环境，因此，这里的动物种类和数量都很丰富。有鸟类178种，兽类38种，其中国家级保护动物15种。1956年，鼎湖山成为我国第一个自然保护区。1979年又成为我国第一批加入联合国教科文组织"人与生物圈"计划的保护区，并建立了人与生物圈研究中心，成为国际性学术交流和研究基地。因其特殊的研究价值，鼎湖山被誉为"活的自然博物馆"和"华南生物种类的基因储存库"。

鼎湖山雨量充沛，气旋雨、对流雨、台风雨、地形雨等降水形式无一不具备。充沛的降水使得鼎湖山脉的溪水四季不断，并造就了千姿百态的流泉飞瀑。飞水

九丁树

桑科，因其叶背面侧脉凸起而又名凸脉榕，是亚热带常绿多年生乔木，也是鼎湖山沟谷雨林的优势树种，耐寒性、耐湿性、耐风性、耐潮性强。

潭位于鼎湖山南坡半山腰，这里山石嶙峋，巨大的瀑布从30多米高的悬崖峭壁上分几股狂泻而下，轰轰作响，如白练悬空而溅作满空雨花。瀑布下，如注的水流汇成一泓碧水，中间有一块巨石，上面刻有"枕流"二字。辛亥革命后，孙中山先生游鼎湖山时曾在此畅游。现在这里的崖壁上还有宋庆龄女士手书的"孙中山游泳处"六个大字。

鼎湖山还是一个"天然大氧吧"，稳定的森林生态系统和众多的深潭瀑布，使得这里的空气中饱含对人体健康有益的负氧离子。经中南林学院森林旅游研究中心测定，鼎湖山的空气负氧离子含量最高达到105600个／立方厘米，是目前国内所测定的空气中负氧离子含量最高的地区。

自唐代以来，鼎湖山就是著名的佛教圣地和僧俗游览胜地。公元676年，高僧慧能的弟子智常禅师在鼎湖山云顶峰建白云寺。从此之后，鼎湖山高僧云集，他们环山建起三十六招提，前来朝拜和游览的香客和游人也越来越多。

庆云寺坐落在鼎湖山中部偏东的山谷中，始建于明崇祯六年（1633）。光绪十九年（1893），慈禧太后敕赐"万寿庆云寺"匾和"龙藏经"。寺院规模宏大，占地面积1.7万平方米，建筑面积12000平方米，有大小殿舍100余间，环境清幽，是岭南四大名刹之一，也是有名的佛教圣地。寺

A **B**

A 飞龙潭

飞水潭又名龙潭飞瀑，位于鼎湖山南半山腰、庆云古寺东侧。

B 庆云寺

庆云寺与韶关南华寺、潮州开光寺、广州光孝寺并称为"岭南四大名刹"。佛教历史悠久，文物古迹众多，在海内外享有盛誉。

院坐西面东，倚山势构筑五层殿宇，甬道纵横，四通八达，殿宇僧舍，构成一个完整而紧密的古建筑群。全寺由下而上分七级，第一级为花园，第二级为平台，第三级至第七级为寺的主体建筑，建筑物按纵轴线对称布局，均是砖木结构。寺存文物众多，镇山宝要数"舍利子"，还有千人镬、大铜钟、平南王大法座、百梅诗碑等。庆云寺以其神奇的魅力，吸引着无数游客前来。

在明末清初之时，明朝永历皇帝朱由榔曾经在肇庆修建行宫，据传永历皇帝也陶醉于鼎湖山的胜境里，曾在此游历多次，为了纪念他，改"鼎湖山"为"天湖山"。但随着永历王朝的覆灭，天湖山这个名字，又消逝于历史的烟云里，无人问津了。

宝鼎园位于鼎湖山的天湖景区，这里有两个世界之最，一个是端溪龙皇巨

九龙宝鼎

"九龙宝鼎"整座由青铜浇铸而成，鼎身连续不断的环带纹饰，线条粗犷，具有西周时期鼎形制最为稳定雄健和质朴庄严的特点。

砚，一个是九龙宝鼎。端溪龙皇砚高2.17米，重达2吨，是世界上最大的端砚，位于宝鼎园中轴线中央。经过庭园，呈现在人们眼前的是一个宽阔的广场，场中有一座九龙宝鼎，高6.58米，重16吨，是世界上最大的青铜圆鼎。鼎身和鼎足共铸有九条金龙，腾云驾雾，栩栩如生，气势恢宏。宝鼎安稳地屹立在花岗岩的基座上，象征着中华民族江山永固，稳如磐石。

鼎湖山与七星岩于1982年一起设立了星湖风景名胜区，并于同年被评为国家首批44个4A级旅游景区之一，于1998年7月又被评为国家文明风景名胜区示范点。

丹霞山

色如渥丹，灿若明霞

Guangdong

::: 在广东省韶关市东北侧的仁化县，方圆180平方千米的土地上，有一片神奇的山地。红色的山崖，红色的石头，看上去像一层层赤城和一片片云霞。古人取其"色如渥丹，灿若明霞"之意，称之为"丹霞山"。丹霞山有不同体量、不同大小的石峰、石堡、石墙、石柱680多座，大多数海拔在300～400米之间，主峰巴寨海拔618米。群峰如林，形态各异，错落有致，气象万千，宛若一座红宝石雕塑园，又有"中国红石公园"之称。作为丹霞地貌的典型代表，丹霞山是世界地质公园、世界自然遗产、国家5A级旅游景区、国家级自然保护区、国家地质公园。

⊙ 神奇的丹霞地貌

丹霞地貌，一般是指在第三纪喜马拉雅运动期较为干燥的气候和内陆盆地环境条件下所形成的一套或一组红色陆相碎屑沉积地貌，包括由红色泥岩、沙泥岩、粉沙岩、砂岩、砂砾岩和砾岩等沉积岩所形成的地貌。在丹霞地貌中，"赤壁丹崖"广泛发育是其最突出的特点。其成因主要有三个方面：一是陆相碎屑岩是在干燥气候条件下沉积而成，碎屑物中所含Fe^{2+}氧化后成为Fe^{3+}，因而整个沉积岩层呈现为铁锈红色；二是在陆相碎屑沉积物胶结成岩后，经历过构造运动，发育了较深的近于垂直的断裂和裂隙，经后期外力侵蚀、搬运作用沿断裂或裂隙面形成悬崖和绝壁；三是陆相碎屑沉积岩层在构造运动期间与沉积盆地一起共同升降，沉积层基本保持水平或近水平状，没有大的褶皱形成。此外，"丹崖"的高度要大于10米，坡度在55°～90°之间，将高度和坡度低于这个标准的丹崖归入红层地貌范畴。

韶关丹霞山是世界"丹霞地貌"的命名地，由680多座顶部平坦、岩壁陡峭、坡麓和缓的红色砂砾岩所构成。韶关丹霞地貌的发育，始于第三纪的喜马拉雅造山运动。距今1.4亿年至7000万年的白垩纪期间，韶关丹霞山地区发生断裂，形成一个较大的内陆盆地。进入第三纪后，盆地内沉积了大量的陆相碎屑沉积物，经过长年的压实与胶结，形成了巨厚的红色地层。第三纪末期，受喜马拉雅运动的影响，红色岩层在上升的同时发生断裂，并形成较深的垂直裂隙。之后，数百万年以来，盆地还发生过多次间歇上升，平均大约每1万年上升1米，同时受到水流的下切侵蚀，红色沉积层被切割成一组组的红色山群，也就是现在的丹霞山地。

丹霞地貌是中国人自己发现、命名并做系统研究的一种地貌。早在1928年，获美国哥伦比亚大学地质学硕士学位的矿床学家冯景兰在两广进行地质调查时，就注意到了丹霞山广泛分布的红色砂砾岩层。他立刻意识到这是一种独特的地貌景观，没有任何一部西方学术著作提到过它。于是，冯景兰开始研究这种特别的红色岩层，并用丹霞山中的"丹霞"二字将其命名为"丹霞层"。1938年，著名的构造地质学家陈国达在对丹霞山及华南地区的红石山做了深入研究之后，把这种红色岩层上发育的地貌，以发育最典型的丹霞山为名，命名为"丹霞地貌"。1977年，地貌学家曾昭璇第一次把"丹霞地貌"按地貌学术语进行使用。此后，对这一地貌的研究不断。2009年5月，首届丹霞地貌国际学术讨论会在丹霞山召开，这个完全由中国人自己命名的地貌类型获得了国际学术界的广泛认可。同年，在《中国国家地理》杂志社和中国地理学会共同发起的"中国地理百年大发现"的评选活动中，丹霞地貌的发现名列其中。

我国是丹霞地貌分布最广的国家，目前已发现丹霞地貌790处，分布在26个省区。美国西部、中欧和澳大利亚等地也有丹霞地貌分布，美国的科罗拉多大峡谷就是典型的丹霞地貌。丹霞山以赤色丹霞为特色，在地层、构造、地貌、发育和环境演化等方面的研究在世界丹霞地貌中最为详尽和深入。在此设立的"丹霞山世界地质公园"，总面积319平方千米，2004年经联合国教科文组织批准成为中国首批世界地质公园之一。2010年，以广东丹霞山为代表的"中国丹霞地貌"被联合国教科文组织列入《世界自然遗产名录》。

⊙ 美不胜收的自然风景

在丹霞山形成过程中，由于红层受到了不同方向的断层和节理切割，因而形成了条块分割的各种山体，再加上外力作用的精雕细刻，造就了丹霞山造型丰富的多种山形。红岩赤壁掩映的丹霞地貌，在蓝天白云的衬托下，加上绿树叠翠、河流环绕、亭台点缀，构成了一幅多姿多彩、壮观动人的丹霞地貌景观。置身其中，无论是从形态、色彩、结构还是意境方面，都能给人以美的享受，具有极高的美学价值。

长老峰景区是由长老峰、海螺峰、

阳元山

阳元山与丹霞山主山隔河相望，因有天下奇景阳元石而得名。

宝珠峰三峰构成的连体山块，是丹霞山历史最悠久的游览区，最高处海拔409米。与众多名山相比，长老峰算不上高，也算不上大，但是，它集黄山之奇、华山之险、桂林之秀于一体，具有一险、二奇、三美的特点。长老峰游览区由三级绝壁和三级崖坎构成三个最典型的赤壁丹霞景观层次，风景区划分为上、中、下三层，上层三峰耸峙，中层以别传古寺为主体，下层以锦石岩为中心。在长老峰的观日亭上观日出，因独特的地貌做陪衬，绝不逊于在泰山、黄山等地观日出。当伫立在长老峰上看到红日自天边一点点跳跃而出，看到刹那间萦绕在半山的云海被镀上一层金光

夕阳下的丹霞山

在夕阳的映衬下，丹霞群山变得宁静、恬淡、收敛，又增加了一种别样的风情。

时，才真正领略到丹霞山"色如渥丹，灿若明霞"的奇瑰景象。有人盛赞"游尽日出风景地，独有丹霞日出美"。还有不少慕名而来的游人日夜兼程赶往丹霞山，就是为了一睹丹霞山的日出美景。

丹霞山的山石造型丰富，千姿百态，栩栩如生。"望郎归"酷似一名穿着裙子、斜着身子盼望丈夫归来的妇人；"姐妹石"则犹如一对相依相偎的少女。在这众多山石之中，最负盛名的还要数极似雄起的生命之根的阳元石，被誉为"天下第一奇石"、"天下第一绝景"。

阳元石耸立在离地200多米高的山坡上，高28米，直径7米。据联合国权威专家估算，阳元石已经有30万年的历史了，由于风化作用，再加上沉积岩层有软有硬，阳元石就从石墙上分离出来，形成了今天之形态。来到阳元山亲眼目睹了阳元石的人，无不惊叹于大自然奇妙的鬼斧神工。

丹霞四季，无论晴雨早晚，都有各自独特的美景。清晨，可以在丹霞山上看到日出奇观；傍晚，可以尽情欣赏绚丽的晚霞与日落；如果是满月之夜，还可以品味丹霞清幽的夜色与皎洁的月光。晴天，站在丹霞山上极目远眺，让人心旷神怡，万虑顿消；而雨后的丹霞山，赤壁丹崖分外鲜艳，壮观异常。

丹霞山的美还在于有水的烘托，形成山水环绕、动静相宜的迷人景致。丹霞山的水主要有锦江和翔龙湖两处。锦江自北向南穿过丹霞山，两岸的山峰在绿水中投下了身影，丹山碧水，相互映照，景色非常迷人。翔龙湖位于长老峰南侧，湖面轮廓酷似一条腾飞的蛟龙，故而得名。如若驾上一叶扁舟，在碧波荡漾中寻幽览胜，倾听那龙吟似的汩汩泉声，会让人遐想无限，万虑俱消。

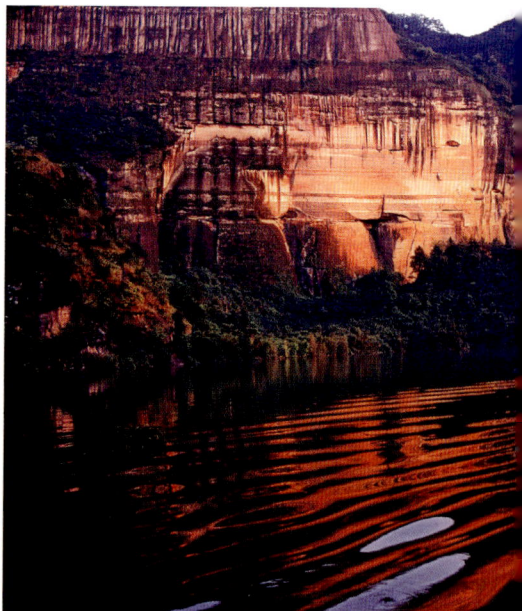

丹霞山不仅拥有美不胜收的自然风景，还有丰富悠久的历史文化内涵。相传女娲曾在丹霞山取水造人，在锦江采五色石补天。舜帝南巡时曾在丹霞山登山奏韶乐。此后僧道纷至，香火大盛；文人墨客也纷纷来此赋诗题咏，怀古忧今。隋唐时期，丹霞山已经成了岭南风景名山和佛道圣地，为众多圣贤和文人墨客所向往，他们在此留下了众多诗文、游记、碑碣和摩崖石刻，仅在长老峰景区一带就存有摩崖石刻和碑碣130多处。遍布全山的天然洞穴，有十几处被开辟为道场与僧院。保存至今的锦石岩寺和别传寺具有极高的历史文化价值，是珍贵的文化遗产，至今香客如云，游人不绝。

站在长老峰上，北望丹霞腹地群山连绵，宛如散落山间的翡翠；南望万丈绝壁荡气回肠，豪气干云。更别提丹霞山内锦江秀水纵贯南北，宛如美人玉带罗衣，沿途丹山碧水，竹树婆娑，满江风物，一脉柔情，超凡脱俗，别具一格……丹霞山的雄伟、险峭、奇峻、秀丽与幽深，让人为之沉醉。丹霞山的魅力不仅仅在于其令人叹为观止的自然风光，还在于它留下的千百年来的时间印记。丹霞山，属于历史，更属于未来。

A B C

A 锦江长廊

锦江自东北向西南在丹霞山群山中穿行34千米，共转32道弯，江水蜿蜒曲折南流入韶关浈江。目前开辟了水上旅游行程10千米，沿途几十处景点串珠状分布，别具一格，美不胜收。

B 翔龙湖美景

翔龙湖沿岸赤壁临江，朱碧交辉。如此美景，直击人心。

C 锦石岩寺

锦石岩寺位于丹霞山长老峰的半山腰上，是一座历史悠久的佛教女众道场。它依山势而建，嵌在山体的石凹中。据记载，此寺已有900多年的历史。

广州白云山
羊城第一秀

✈️ **Guangdong**

∷ 白云山位于广州市东北部，由30多座山峰组成，面积20.98平方千米，主峰摩星岭海拔382米。白云山为南粤名山之一，自古就有"羊城第一秀"之称。每当雨过天晴或者暮春时节，山间白云缭绕，景色壮观，"白云山"之名由此而来。白云山风景区是国家5A级旅游景区，也是全国文明风景旅游区。

▶ 广州的"市肺"

　　白云山呈东北—西南走向，是位于赣粤边界的九连山向西南延伸的支脉，属岭南丘陵地形，地势中间高，由东北向西南倾斜。山间沟谷纵横，坡度陡峭，相对深度多在100米左右。白云山地区属亚热带季风海洋性气候，温暖湿润，雨热同期。年降水量在1689.3～1876.5毫米之间，4～9月为雨季，降水量占全年降水量的85%以上。

　　温暖的气候和丰沛的降水，使得白云山的自然资源异常丰富。这里有植物近900

白云山

白云山位于广州市白云区，山体宽阔，由30多座山峰组成，为九连山的支脉。白云山是广州市唯一同时拥有"全国文明风景旅游区"、"国家5A级旅游景区"两项荣誉的景区。

种，其中土沉香、油杉、鹅掌楸、降香黄檀、大叶竹柏等都是国家级珍稀濒危保护植物；在600多种野生植物中，药用植物300多种，野生观赏植物和用材树种近百种，具有非常大的潜在经济价值。目前白云山的绿化覆盖率达95%以上，是个天然蓄水的固态水库，又是空气的净化和调节器。据统计，白云山每天可以吸收2800吨二氧化碳，释放2100吨氧气，可以供近300万人的正常呼吸之用。因此，白云山被人们形象地称为广州的"市肺"。据测定，白云山的空气质量已经达到国家一级标准，噪声环境质量达国家0类标准，地表水质也达到国际标准。一些泉水、山涧水甚至可以直接饮用。

麓湖

麓湖湖水面积25公顷，1958年挖筑，是广州市目前最大的人工湖。

▶ 羊城第一秀

白云山山体宽阔，峰峦叠嶂，溪涧纵横，自古以来就是广州著名的风景胜地。"白云晚望"、"景泰僧归"、"蒲涧濂泉"等美景均被列入古代"羊城八景"之中。20世纪60年代到80年代，白云山的"白云松涛"和"云山锦绣"又被纳入"羊城新八景"之中。

白云山风景区从南至北散落着7个游览区，依次是：麓湖游览区、三台岭游览区、鸣春谷游览区、摩星岭游览区、明珠楼游览区、飞鹅岭游览区及荷依岭游览区。这些游览区内有四个"全国之最"的景点，分别是：全国最大的园林式花园——云台花园；我国第一条自行设计的观光索道——白云索道；全国最大、亚洲第二的天然式鸟笼——鸣春谷；全

国最大的主题式雕塑公园——广州雕塑公园。

位于白云山麓的麓湖又名金液池，湖面水光潋滟，波平似镜；岸边绿树蓬勃，郁郁葱葱；湖光山色交映生辉，如诗如画，别有情趣。虽然是人工湖，却浑似天成，与白云山其他美景完美融合，成为点缀白云山的一颗美丽翡翠。

坐落在三台岭游览区内的云台花园，于1995年10月建成开放，总面积12万平方米，园中草木繁茂，四季名贵花卉争奇斗艳，是目前全国最大的中西合璧园林式花园。这里聚东西方园林建筑精华于一体、汇国内外四时花卉于一园、纳国际友邦情谊于一圃，被人们亲切地称为"花城明珠"。

鸣春谷坐落在白云山"天南第一峰"旁边，1989年建成开放，占地面积5.6万平方米，是我国目前最大的一座天然式"鸟笼"。"笼"内可以看到众多

品种的飞禽，还可以聆听百鸟鸣唱，了解鸟类知识，观赏精彩的驯鸟表演。

摩星岭高382米，是白云山最高峰，山间林木葱郁，鸟语花香，四季如春。登上摩星岭远眺，可以俯瞰广州全市风貌，遥望珠江。著名诗人苏轼、杨万里、王士祯等都曾在这里流连忘返，并留下不朽诗文。

"白云晚望"早在宋代便是"羊城八景"之一，此后元、明、清三朝的"旧羊城八景"，也位列其中。"白云晚望"景点建于1964年，位于山顶公园"罗伞顶"之巅，依山而建，一面临崖。主要是以观看夕阳与珠江夜景而著称，这也是"白云晚望"名称的由来。当夕阳西下时，凭栏远眺，五彩缤纷的晚霞将白云山镀上金边，云烟缥缈，令人颇有"不舍夕阳在人间"的惆怅与美感。随着夜色深沉，明月初升，花城的灯火越来越多，逐渐灿若繁星，十分辉

A **B**

A 云台花园

云台花园因背依云台岭、园中又遍植中外四季名贵花卉而得名，是白云山风景区新景点之一。

B 白云晚望

煌。此刻，站在山巅，不禁有种置身灯海的感觉。随着夜色越来越深沉，一部分灯火熄灭，衬托着明月更加明亮皎洁，在此品茶赏月，畅叙幽怀，确为人间一大乐趣。

如果说"白云晚望"是用眼观赏，那么，"白云松涛"则需用心聆听。群山起伏，苍松遍野，一望无际，山风吹过，松声如涛，这就是历史悠久的"白云松涛"。曾经"何须钱塘观潮涌，且上云山听涛声"流传一时。至于松涛声有多美，粤剧大师白驹荣与谭佩仪对唱的《白云松涛》可以给出答案："松涛声渐近，刹那那，刹那那，似万马千

军，声过处，声过处，山谷摇撼。震声威，震声威，动魄惊心。"

⊙ 千年传颂的白云山文化

但凡风景秀丽的地方，都会吸引文人墨客到访，从而留下丰厚的文化积淀，白云山也不例外。白云山的文化积淀最早可以追溯到新石器时代，山北的黄婆洞发现了新石器时代史前文化遗址。秦朝末年，方士郑安期曾在白云山一带采药行医；晋代葛洪也曾在白云山隐居，炼丹配药，行医济世；南梁时景泰禅师来到白云山，建立景泰寺，这是白云山最早的寺庙，并留下了"景泰僧归"这一景观，是"羊城旧八景"之一。

唐宋时期，白云山文化氛围的浓厚程度，绝不亚于泰山、庐山等其他名山。当时，许多正直贤明的人被贬到尚属"荒蛮之地"的广东，他们之中，很多人都是著名的诗人，能诗善文。这些人难以实现的抱负郁结在心，不吐不快，往往借山水抒怀。因此，白云山就成了他们足迹所至的吟咏之地了。最先走上白云山的诗人是唐朝的杜审言，之后又有韩愈、李商隐、李群玉、苏轼、杨万里等。他们的诗文寓情于物，成为岭南宝贵的历史精神财富。明清以后，文人纷纷来白云山聚会结社，赛诗比文，比较著名的有南园诗社、越山诗社、东泉诗社、南雅堂诗社等。一时间，白云山成了文人的世界。这些诗作，为萎靡的明清诗坛吹来了清新刚健之风，也给中国古代诗坛增添了异彩。

在中国近现代，白云山经历了鸦片战争、太平天国运动、辛亥革命等重大历史事件的洗礼，留下了抗法战争、甲午战争、北伐战争中著名人物的足迹，具有重大的历史价值。新中国成立以后，朱德、董必武等老一辈革命家曾为白云山吟诗题词。周恩来、陈毅等国家领导人曾在当时被誉为"南国钓鱼台"的白云山山庄旅社进行国事活动。改革开放以后，党和国家多位领导人及外国友人来白云山观光并题词，为白云山留下了许多珍贵的墨宝。

白云山像一位逸士、一位隐者，它用洒脱飘逸的风姿和卓尔不群的气质，谱写了一段千年传颂的白云山文化。

能仁寺

佛教寺院能仁寺于清道光四年（1824）由吟坚和尚始建。1924年5月孙中山偕夫人宋庆龄游览白云山时游览了能仁寺。1993年广州市政府参照旧制重建能仁寺。能仁寺与别的寺庙不同之处在于：寺内没有香火。这是为了更好地净化"市肺"白云山的空气，同时也是为了杜绝山火隐患。

湖光岩

四山环一湖，湖水明如镜

✈ Guangdong

:: 秀丽的湖光岩位于广东省湛江市西南部，是雷州半岛上山清水秀的火山口旅游区。湖光岩是距今16万至14万年间经多次平地火山爆发、深陷而成的玛珥湖。玛珥湖是一种特殊的火山口湖，"玛珥"的英文"Maar"来源于拉丁文"mare"，是沼泽或湖的意思。湖光岩是世界上最大的玛珥湖。湖光岩风景区是世界地质公园、国家4A级旅游景区、国家级风景名胜区、全国青少年科普基地。

⊙ 世界上最大的玛珥湖

世界上最为典型的两个玛珥湖是德国艾菲尔地区的玛珥湖和广东省湛江市的湖光岩玛珥湖。湖光岩玛珥湖比德国的大，是目前世界上发现的最大玛珥湖，且保存得非常自然和完整。

关于湖光岩的形成，有一个十分神奇的传说。相传古时湖光岩所在地并没有湖水，只有宁、托两个村庄。宁村有一户人家，母子两人相依为命。儿子在一次砍柴时摔死了，母亲哭得死去活来。朦胧中看见一头小白牛向她走来，代替她的儿子为她耕地种粮。一年大旱，白牛悄悄叼着食物来到老妈妈家，竟被村民发现宰掉，将牛肉分给各户充饥。老妈妈得知后伤心痛哭，就将牛肉扔了出去。奇怪的是，牛肉却腾空飞了起来，并飞向村外。老妈妈哭着追了上去，天上又落下一根树枝。老妈妈追到村外田边，牛肉不见了，霎时电闪雷鸣，天崩地陷。眼见村庄变成了沼泽，老妈妈急忙将树枝插入田中，瞬间雷电停息，洪水减退，留下了一片清丽的湖山，也就是今天的湖光岩。

湖光岩风景区面积4.7平方千米，湖面积2.3平方千米，湖深446米，其中火山泥沉积物400多米，水深22米，环湖一圈7000米。湖水和火山泥中含有60多种微量元素，具有非常大的医疗保健价值。湖区气候冬暖夏凉，湖水自动保持蓄水量的平衡，雨落连月而不溢，久逢干旱而不涸。在湖光岩，湖面落叶终年无影无踪；湖中既不见鱼虾成群，也没有蚂蟥、蛇、青蛙等动物，却有巨大的龟和鱼出没。湖光岩为火山垣环抱，湖四周悬崖陡壁，火山沉积岩层理、韵律清晰。湖水清澈，明净如镜，如一颗一尘不染的蓝色宝石，又似一个拖着裙摆的青春少女，安静清丽，细语柔柔。老一辈无产阶级革命家董必武同志曾称赞它"四山环一湖，湖水明如镜"。

事实上，湖光岩的诞生过程比神话故事描述的要精彩和壮烈得多。湖光岩是火山爆发后，火山口洼地积水而形成的湖泊。湖周围那斑驳的崖壁，是火山爆发的最好见证。由于湖光岩火山的爆发口低于地平面300多米，岩浆回落后形成的"湖底"依然低于海平面，丰富的地下水就成为湖水的主要来源，因而旱不涸涝不溢。湖光岩湖底沉积物厚达400米，这些沉积物真实地记录了10多万年以来古气候、古环境的变化情况，蕴藏着丰富的热带亚热带气候环境的变化信息，被专家誉为"天然环境变迁年鉴"。湖光岩还为研究玛珥式火山喷发和玛珥湖的形成提供了丰富的资料。在湖光岩可以见到千奇百怪的火山地质景

观,甚至可以看到岩浆溅落抛射的火山剖面图。

湖光岩风景区

湖光岩风景区由火山口湖与火山熔岩组成,为国家4A级旅游区。

⊙ 丰富的文化内涵

湖光岩原先叫做"陷湖",大概是源于白牛传说的"天崩地陷"。后来又改称"镜湖",意即它清澈明净得像一面镜子。南宋建炎三年(1129),丞相李纲因为极力主张抗金而被贬至琼州。途经湛江,他的同乡和以前的同窗——楞严寺长老释琼邀请他到湖光岩游览。适逢明月高悬,秋高气爽,湖光岩清丽可人,两人在岩崖上促膝长谈。月夜寂静,凉风徐徐,湖面上的月光映照在雌狮岭崖壁上,呈现出一幅水光山色的风景图画,令人沉醉。此情此景使得李纲十分开怀,顿时将被贬的苦闷和忧郁抛之脑后,感叹此地清丽美景,遂提笔写下"湖光岩"三个大字,这个名字便由此沿用至今。而将近有900年历史的楞严寺,也成为湖光岩景区的主要古迹之一。

秀丽的湖光山色引得众多文人墨客前来。楞严寺北侧建有诗廊,留下了大量历代文人墨客的瑰丽诗篇,使秀丽的自然风光与人文景观相融合。苏轼所书"诗"字苍劲大气,两侧两棵巨大的火山榕树枝繁叶茂,根枝难分。诗廊上有郭沫若先生为湖光岩所作的诗,也留下了陈毅元帅对湖光岩"冬犹暖，秋如夏；凉风动，炎氛化"的赞美。1964年，董必武先生到湛江视察，当接待的同志向他介绍了湖光岩的形成、白牛的传说、李纲与释琮的故事以及湖光岩的奇异之景后，他印象十分深刻。在饱览了湖光岩的美景之后，他写下了一首脍炙人口的诗："四山围一湖，湖水明如镜。山边有岩洞，岩与湖光映。"很好地概括了湖光岩景区迷人的湖光山色。如今，董老的墨宝也成了湖光岩景区珍贵的一景。

从楞严寺左侧山门走出来，沿着千年古道而上，登上雌狮岭的顶峰，就能见到一座三层阁楼——望海楼。望海楼隐藏在崇山峻岭之中，蓝瓦粉墙，檐牙高啄。登楼眺望，视野开阔，八面来风，前可观海，后可观湖。远观东海岛之波涛，近赏镜湖秀丽之美，四面风光尽收眼底，使人忘却烦恼琐事。楼内还有粤西最高最大的室内观音像，高达12.8米，由两尊背靠背的观音立像组成，名曰望海观音、水月观音。望海楼观音于2009年建成开光，四周还建有放生池。

粤系军阀"南天王"陈济棠及夫人葬于湖光岩雌狮岭顶。墓地周边树木郁郁葱葱，被湖光岩的湛湛碧水所映照，是一块难得的风水宝地。

来到湖光岩，能欣赏秀丽神奇的生态风光，惬意地在波光粼粼的玛珥湖上游览，远离城市的嘈杂与喧嚣。湖水清澈如镜，苍山披绿滴翠。清晨的薄雾像轻纱笼罩在湖面上，看上去那么温柔。泛舟湖上，蓝蓝的湖水倒映着蓝蓝的天空，让人顿觉翡翠的颜色太浅了，蓝宝石的颜色太深了。湖光岩的水，蓝得纯净，蓝得深湛，也蓝得温柔恬然。傍晚，在夕阳的照耀下，微风拂过湖面，掀起层层涟漪，湖面波光粼粼，像蓝宝石上洒落的碎金。周围林木郁郁苍苍，与湛蓝的湖水交相辉映，美不胜收的天然景象，使人心旷神怡，仿佛走进画卷之中。游览湖光岩景区，可见古树参天，古藤缠绕；可见青山环绕，山水相融；可置身于自然美景，纵情于山水之中，实乃人生一大乐事。

楞严寺

楞严寺始建于北宋靖康年间（1126～1127），原名"白云禅庵"，清代才更名"楞严寺"。"楞严"二字取自佛教《楞严经》，表示佛法坚强的意思。

惠州西湖
群山环绕，以曲折为胜

✈ **Guangdong**

:: 惠州西湖位于广东省惠州市区内，是一片以山水为主体，融自然景观和人文景观于一体的风景名胜区。它的形成和发展至今已有1600多年的历史，是广东省主要的风景名胜区之一，历史上曾与杭州西湖、颍州西湖齐名，有"海内奇观，称西湖者三，惠州其一也"和"大中国西湖三十六，唯惠州足并杭州"的史载。

⊙ 惠州西湖的前世今生

　　惠州西湖原来是横槎、天螺、水帘等水源入江时冲刷出来的洼地，属西枝江改道后的河床。汉代时，惠州西湖还是荒泽一片。《惠州府志》记载，东晋初年，"兴建龙兴寺于湖上"，可见东晋时湖已形成。唐朝改龙兴寺为开元寺。唐中宗年间，位于西山之上的泗洲塔（也作"泗州塔"）建成。这是为了纪念印度来华的僧伽而建。僧伽在安徽泗州（今泗县一带）住持，圆寂于长安。泗州最早建筑了僧伽塔，以后各地仿建的塔都称为泗洲塔或僧伽塔、大圣塔。苏东坡在惠州所写《江月》一诗中，就有"一更山吐月，玉塔卧微澜"的诗句。南宋刘克庄游览了西湖胜景后也写道："不知若个丹青手，能写玉塔微澜图。"自此，"玉塔微澜"就成了惠州西湖美景之一。

　　五代时，起居舍人张昭远住在湖边上，后人因此称惠州西湖为"郎官湖"，这是西湖最早的名称。宋治平三年（1066），地方官陈偁对郎官湖进行

惠州西湖风景名胜区

由西湖和红花湖景区组成，总面积21.83平方千米，其中水域面积3.35平方千米，是国家4A级旅游景区。

整治，修筑了平湖堤、拱北桥，使湖水既可以灌溉数百顷田地，又可以种植荷花、莼菜，而且湖中多鱼鳖，乡民收获甚丰，因此称之为"丰湖"。

北宋绍圣元年（1094），苏轼被贬至惠州。在惠州居住的三年里，他经常游览惠州西湖，写下了许多咏吟西湖山水的诗词。在《赠昙秀》一诗中，他将"丰湖"称作"西湖"，这是"西湖"这一名称的最早来源。惠州西湖也因为苏东坡的诗词而名扬天下。苏东坡还带头捐资在西湖边上筑桥修堤，留下了苏堤、西新桥、东新桥等遗迹。

南宋淳祐四年（1244），惠州建立聚贤堂，后来改称为丰湖书院。丰湖书院最初位于银岗岭，清朝康熙三十三年（1694）迁至西湖的丰湖半岛上。明清时期，丰湖书院是惠州的最高学府。清朝至民国时期，丰湖书院曾多次被毁，后又重修。目前残存在丰湖书院的遗迹多是清嘉庆六年（1801）徽州知府伊秉绶重修后的遗迹。

古代的惠州古城一直建于西湖边上，位于西湖的东面。民国时期，拆除惠州府城的城墙，扩修马路，出现了岭南骑楼街，但全城仍处于西湖的东面。20世纪50年代到80年代，城市逐渐扩展，形成了三面环湖的态势，惠州西湖的景区面积大幅缩减。同时，由于湖岸山麓建满了杂乱的房舍，湖水污染严

重。1989年之后，惠州市政府开始重视城市规划，陆续投资整治惠州西湖，彻底改善了惠州西湖的水质和生态环境。现在的惠州西湖风景区由西湖和红花湖景区组成，总面积21.83平方千米，水域面积3.35平方千米，集防洪、供水、旅游、度假等功能于一体，是国家级风景名胜区和国家4A级旅游景区。

▶ 苎萝西子

我国以"西湖"命名的湖泊，据统计有36个，这些西湖中，以杭州西湖最为著名，而能与杭州西湖相媲美的，恐怕只有惠州西湖了。"水光潋滟晴方好，山色空蒙雨亦奇。欲把西湖比西子，淡妆浓抹总相宜。"在这首诗里，苏东坡将杭州西湖比作古代美女西施。不过杭州西湖的美，主要靠人工雕琢；而惠州西湖，却天生丽质，她的美，浑然天成。

泗洲塔

原来的泗洲塔在明代毁圮，明万历四十六年（1618）重建，新中国成立后于1959年曾做大修。泗洲塔是一座七层的阁楼式佛塔，平面呈八角，用砖砌造，高37米多，人可登塔眺望，是惠州西湖的标志。登上塔顶，北边平湖、南边丰湖，尽收眼底。

清初，王瑛曾将西湖比作"苎萝西子"，把杭州西湖比作"吴宫西子"。苎萝村是西施出生的地方，那时的西施清纯柔美，每天临溪浣纱，无忧无虑。惠州西湖的美正像未入吴宫时的西施，淡妆质朴，纯净自然，有种天然去雕饰的恬淡。清朝著名的藏书家和文学家吴骞也在《惠阳纪胜》将杭州西湖与惠州西湖做了这样一个对比："杭之佳以玲珑而惠则旷邈；杭之佳以韶丽而惠则幽森；杭之佳以人事点缀，如华饰靓妆，而惠则天然风韵，如娥眉淡扫。"非常形象地说明了杭州西湖与惠州西湖的不同特色。

⊙ 西湖风景

惠州西湖幽深曲折，有五湖六桥之胜。五湖即菱湖、鳄湖、平湖、丰湖和南湖。菱湖在惠州西湖西北面，大概从前种有菱，故名菱湖；鳄湖在丰湖之南，不知是否以前有鳄鱼，也许是附会；平湖在鳄湖之东，南为丰湖，再过去便是南湖了。民间传说中，五湖的形成与七仙女中的五仙女有关。一日，五仙女揽镜梳妆，见韶容已老，青春不再，却还情无所托，伤感万分，泪洒如雨，失手将梳妆镜跌落凡间。这梳妆镜恰好掉在惠州，一摔五瓣，成为五湖，如雨泪水瞬间注满五湖。

六桥是烟霞桥、迎仙桥、拱北桥、西新桥、明胜桥和团

九曲桥

九曲桥始建于1957年，顾名思义，是指桥共有九曲，曲折迂回。九曲桥位于孤山北面，直通平湖中的点翠洲。桥全长18米，宽2米，由花岗岩和草白玉构成，桥体雕刻精美，匠心独运，巧夺天工。两旁有廊亭，桥下为放生池。据考证，九曲桥有两绝：中秋有"九曲印月"和"曲桥泛鲤"之奇景。

苏东坡像

宋朝苏东坡被贬谪惠州三年，大力资助修堤建桥，留下了大量的历史文物和文学诗篇，他为惠州人民解忧除难的动人故事也广为流传。惠州西湖因为苏东坡而名扬天下，也充分反映了苏东坡在惠州历史上的重要地位。图为位于惠州西湖孤山上东坡园内的苏东坡像。

通桥。西新桥西接泗洲塔，建于唐代，被誉为"西湖第一桥"，它与苏堤都是游人喜爱的"游屐所趋之处"；烟霞桥在菱湖之上，如今只留残迹；迎仙桥在平湖的玄妙观与芳华洲之间，也废圮已久；拱北桥在平湖北端，叠石垒成，俗称五眼桥；明胜桥横贯丰湖；园通桥在丰湖与南湖之间。圆通桥北望，堤桥如带，亭榭掩映，洲渚纵横，杂花生树，此番美景曾大为岭南画家高奇峰所赏识，评为西湖第一。

西湖的风景区主要在丰湖与平湖之间，《惠州府志》的西湖八景，便有"丰湖渔唱"一景。可想而知，当时丰湖是相当广袤并有渔舟往来的。

两湖之间的百花洲是一个湖心岛，古称花墩，旧有落霞榭，有"四面湖山抹落霞"的诗句。百花洲集园林花树于一洲，绿树葱葱，花香怡人，有"分葑繁卉，香风半湖"之美誉。清代诗人宋湘曾作《花洲曲》，晚清学者梁鼎芬"花墩花放白青红，蝴蝶双双扑晓风"的佳句也正出于此。"忽惊豪雨来天外，洒向平湖万斛珠"，每当雨时，在百花洲观景最佳，故有"花洲话雨"之说。现在，百花洲建有盆景园，在落霞榭旧址处辟有刘仑画阁，有花卉盆景增辉，使百花洲更加绚丽多姿。

西湖不仅是人的天堂，同样也有鸟的天堂——鹤屿。鹤屿为平湖中的一个小岛，虽然小，但岛上植物繁盛，加上人迹罕至，是鸟类的理想家园，有白鹭、

灰鹭、海鸥等多种鸟类在此筑巢。每当日出或日落，鹤鹭齐鸣，漫天飞舞，构成一幅祥和吉庆的百鸟图。身在西湖山水中观鹤鹭祥舞，生态环境的改善令人欣喜，自然界又多了一个和平自由的小鸟天堂。

惠州西湖的"借景"也堪称一绝。离惠州西湖以北10多千米处的象岭，是西湖的极佳借景之地。从西湖望去，象岭如同一个巨大的屏障，山上常有气云飘忽，"象岭嵯峨，云态特异"，"飞到岭边云不去，湖光添得数峰秋"，"象岭云飞"一景如巧夺天工，被列为西湖诸景之一。

平湖门

平湖门是惠州古城门之一，现为西湖的东大门。

西湖晚霞

在晚霞的映照下，惠州西湖呈现出水天一色的绝美风景，令人叹为观止，如痴如醉。

大亚湾

岛屿绵延，渔歌晚唱

BEAUTIFUL CHINA

:: 走在52千米的黄金海岸线上，闻到的是海风带来的海洋特有的气息；踩到的是细腻、柔软的白色沙滩；看到的不仅是辽阔的大海，还有千姿百态的岛屿静静地躺在大海蓝色的怀抱里……这个地方就是有着"海上小桂林"之称的大亚湾，是南中国海上的一颗璀璨明珠。

▶ 千姿百态的岛屿

大亚湾位于广东省惠州市东南部，红海湾与大鹏湾之间。北靠海岸山脉，东、西两侧分别是平海半岛和大鹏半岛，总面积650平方千米，有着长达52千米的黄金海岸线。海湾周围的山地丘陵是由古生代和中生代的各种变质岩、凝灰岩、花岗岩或紫色砂岩构成的。受东西向和北西向断裂的控制，大亚湾海岸轮廓十分曲折多变，并形成了"大湾套小湾"的隐蔽形势。港湾中岛屿众多，有大辣甲、三门岛、穿洲岛、大甲岛等岛屿。这些岛屿形状独特，千姿百态。其中三门岛是大亚湾中面积最大的海岛，也是我国目前保存最完好的自然生态海岛之一。

三门岛位于大鹏湾与大亚湾汇合处，面积约5平方千米，海岸线长13千米，距香港海域8.7海里。从深圳、广州、东莞出发，到达三门岛码头只需要2个小时。因为其面对太平洋，历来为兵家必争之地，从清朝开始就是重要的海上关口和军事要塞。三门岛山峦叠翠，淡水资源十分丰富，485种植物遍布全岛，被誉为"海上动植物乐园"。岛上的每一处风景都是自然天成，来到这里，就像置身于一个天然森林植物园，整个人都会觉得神清气爽。

三门岛最漂亮的地方当属这里的沙滩，半径300米的海湾沙滩洁白晶莹，细致如盐，被人们亲切地称为"月亮湾"。海水清澈透明，能见度5～8米。

三门岛主峰——"海誓山盟峰"海拔298米，是大亚湾海域地势最高的观景点。站在这里远眺茫茫大海，能看到形态各异的礁石伏在海上，还能深刻体会到"惊涛拍岸，卷起千堆雪"的壮阔景象。远望蓝天碧海，白云白沙，椰林随风摇曳，极富浪漫情调。

三门岛一直是非常重要的前沿军事禁地。1899年，清政府在岛上设立了由英国人管理的海关。岛上现在还有20多条总长达5千米的地下备战坑道，30多个强大的隐蔽火力点和纵横交错的战壕。

A B

Ⓐ 三门岛海景

三门岛又称沱泞岛，位于大鹏湾与大亚湾的汇合处，是我国目前保存最完好的自然生态海岛之一。

Ⓑ 大亚湾美景

来到这里，能让人们身临其境地体会到战场的紧张和刺激。

三门岛是广东省指定的水产资源保护区，293种鱼类在此繁衍生长，大都具有较高的经济价值。斑鱼、石狗公、游追、鲍鱼、鹤嘴鱼、无针乌贼、梭子蟹、海胆等都是这里的特产。

⊙ 渔歌唱晚，落霞满天

位于大亚湾北部的熊猫金海岸沙滩平缓，沙质洁白细腻，水质清澈。最奇妙的是，沙滩夹在两个小岛中间，看上去就像一盏银色的月亮落在蓝色的海湾里。沙滩两边各有一条延绵数千米的绿色防护带，犹如古代仕女甩出的水袖。南面是茫茫大海，可欣赏"碧水共长天一色"的壮观；向西望去，大亚湾的大小岛屿，如同珍珠落在蓝色的玉盘里，如果运气好的话，还能欣赏到万鸟归巢的壮观景象；早上在此看日出，云蒸霞蔚，美不胜收；北面是铁炉山峰，层峦叠嶂，站在山峰远眺，碧海蓝天，美景尽收眼底。

穿洲岛位于大亚湾中央列岛东南部，岛中有形状像门的洞穴，原是渔民的通航之处，又称"穿珠岛"。相传，当地的先人们，不论是出海捕鱼还是外出谋生，经过穿洲岛，都必须在石门下休整，然后虔诚地烧香拜神祈求平安之后再起航。现在，穿洲岛中已经不再有船只经过，但它的传说却流传至今。

位于大亚湾西北隅的东升渔村，因为四面环海，受到外来文化的影响较少，因此一直保留着自己特有的民俗风情，比如每年的农历二月初五，是东升渔村传统的大王爷节。

在此度假，可以真正感受"吃在渔家，住在渔家，游在渔家"的"渔家乐"，可以亲自体验捕鱼的过程，过一把当渔夫的瘾。或者，请渔民做导游，在"海上小桂林"里遨游，感受大亚湾的秀丽山水风光和迷人的海韵。到了晚上，渔歌唱晚，落霞满天，让人产生无限的遐思。

⊙ 大亚湾核电站

大亚湾核电站位于大亚湾畔的大亚湾半岛，距深圳市的直线距离是45千米，距香港约50千米。它面临大亚湾，背靠排牙山，山清水秀，景色宜人。走进大亚湾核电站，犹如置身于宁静的大学校园，又仿佛徜徉在一个度假胜地。

大亚湾核电站1982年经国务院批准建设，1987年8月7日主体工程正式开工，1994年5月建成投入商业运行。大亚湾核电站是我国引进国外资金、设备和技术建成的第一座大型商用核电站，总投资40亿美元，是我国改革开放以来建立的最大的中外合资企业之一。此后，在大亚湾核电站之侧又建设了岭澳核电站，两者共同组成了一个大型核电基地。

拥有大亚湾核电站、岭澳核电站两座核电站的大亚湾核电基地，是我国目前在运行核电装机容量最大的核电基地，年发电能力约450亿千瓦时。大亚湾核电站每年的发电量超过100亿度，其中70%的电力输往香港，约占香港社会用电总量的1/4；30%的电力输往南方电网。岭澳核电站所生产的电力全部输往南方电网。通过核能发电，使得广东和香港两地每年减少燃煤消耗370万吨，从而大大减少了二氧化碳和二氧化硫的年度排放量。

大亚湾核电站

徐闻珊瑚礁

在广东省湛江市徐闻县西部角尾乡和西连镇的滨海地区，面积约109平方千米的广大区域，分布着我国目前连片面积最大、种类集中最多、保存最完好的珊瑚礁——徐闻珊瑚礁。徐闻珊瑚礁形成于约1万年以前，这是我国大陆沿岸唯一发育和保存的现代珊瑚岸礁。徐闻珊瑚礁的珊瑚品种已鉴定辨认的有2目17科49种，尚待鉴别的有2种，其中不乏珍稀种类，有些品种甚至是国内首次发现。为了加强珊瑚资源的保护，1999年徐闻县人民政府建立了珊瑚礁自然保护区，2007年经国务院批准升格为国家级自然保护区。

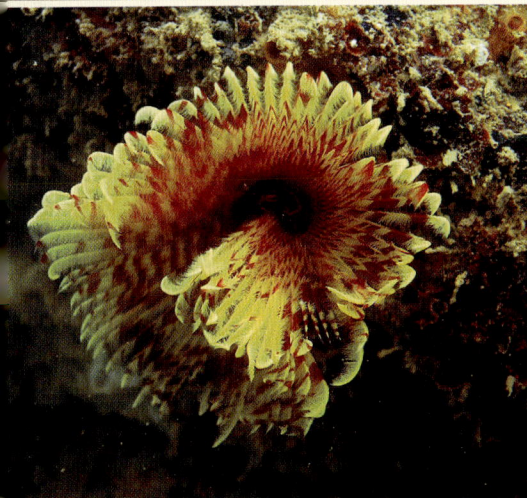

雷州珍稀海洋生物

　　雷州珍稀海洋生物保护区位于广东省雷州市境内，总面积46864.67公顷，为国家级自然保护区。该保护区是我国大陆近海热带特征最典型、物种最丰富、生态系统和生物群落最复杂的区域之一，也是环北部湾建区历史最长、面积最大、目前大陆沿海保护得较好的保护区。保护区是众多海洋生物的栖息地，包括儒艮、中华白海豚、大珠母贝、白氏文昌鱼、绿海龟、棱皮龟、玳瑁、宽吻海豚、热带点斑原海豚、江豚、斑海豹、布氏鲸、灰海豚等国家一级、二级重点保护动物，以及珊瑚礁、海藻场、红树林等重要生态系统。

		B	
	C	D	
A	E	F	

Ⓐ 儒艮
Ⓑ 宽吻海豚
Ⓒ 斑海豹
Ⓓ 白蝶贝
Ⓔ 中华白海豚
Ⓕ 绿海龟

CHAPTER
03

文明奇迹
一石一瓦，沧海桑田

广东省有众多人文古迹，徜徉在这些古迹里，就如同走在历史的长河中。气势恢宏的南越王墓是岭南地区发现的规模最大、随葬品最多、墓主人身份最高的汉代彩绘石室墓，具有重大历史、科学、艺术价值。光孝寺是岭南历史最悠久，影响最深远，规模最宏大的寺院。苏东坡在六榕寺的真迹，历经千年，笔力依然遒劲潇洒，关于他题字的传说，与东坡居士一生的浪漫经历一起，流传千古。开元寺建于唐朝年间，是粤东第一古刹。南华寺是禅宗六祖慧能大师的弘法道场，这里诞生了中国佛教唯一一被尊为"经"的典籍——《六祖法宝坛经》，因此被尊为禅宗的"祖庭"。

站在陈氏书院，当我们惊讶于书院内精妙绝伦的雕刻装饰时，时光的尘埃被自动地过滤，所剩的只有发自内心的惊叹，这是文明的力量。中西结合的开平碉楼，处处可以窥见广东历史与文化的魅力。在百越之国的大地上，有过战争和迁徙，也有过与世界的对话与交融，在几千年后的夕阳下，依稀还能看到当时的境况。

西汉南越王墓
气势恢宏，劈山为陵

:: 西汉南越王墓是1983年发现的南越国第二代国王赵眜之墓，是岭南地区发现的规模最大、随葬品最多、墓主人身份最高的汉代彩绘石室墓。墓中出土文物10000多件，其中"文帝行玺"金印、错金铭文虎节、印花铜板模、平板玻璃铜牌饰等文物具有重大历史、科学、艺术价值，集中反映了两千年前岭南政治、经济、文化等方面的内容。南越王墓是我国20世纪80年代重大考古发现之一，1988年在陵墓原址上建成西汉南越王博物馆，1996年被列为全国重点文物保护单位。

⊙ "南越文帝"之墓

秦朝末年，中原陷入了"楚汉相争"的混乱状态。公元前203年，南海郡郡尉赵佗起兵兼并桂林郡和象郡，建立南越国，自称"南越武王"。公元前196年，赵佗臣服于汉高祖刘邦，南越国成为汉朝的藩属国。公元前137年，赵佗去世，孙子赵眜继承王位，成为第二代南越王。

赵眜于公元前137年至公元前122年在位，号称"南越文帝"。赵眜死后，陵墓建在南越国都城番禺的西北角（今广州市解放北路的象岗山上）。陵墓凿山而建，从象岗山顶劈开石山20米，凿出一个平面为"凸"字形的竖穴，再从前端东、西两侧开横洞成耳室，南面开辟斜坡墓道。墓室用750多块红砂岩石筑成，墓顶用24块大型红砂岩石覆盖，再分层夯实而成。

整个陵墓坐北朝南，面积100平方米左右，仿照"前堂后寝"的形制修建。前后共7个墓室，前面三室分别为前室和东、西耳室，后面四室为主棺室、东西侧室和后藏室。前部前室四壁与顶上都绘有朱、墨两色云纹图案，象征朝堂；东耳室放饮宴用器，有青铜编钟、石编钟和提筒、钫、镭等酒器以及六博棋盘等；西耳室是兵器、车、马、甲胄、弓箭、五色药石、生活用品和珍宝的藏所，其中来自非洲的大象牙、漆盒、熏炉和深蓝色玻璃片，以及来自波斯的银盒最为珍贵。这些来自他国的文物，充分证明了南越国早期或者更早的时代，广州地区与非洲、波斯等地已经有海上贸易。

后部居中的正室为墓主主棺室，以一棺一椁入殓。墓主身着丝缕玉衣，两侧有10把铁剑，9枚印鉴，其中最大的一枚为"文帝行玺"龙钮金印，此外还有螭虎钮"帝印"、龟钮"泰子"金印以及墓主"赵昧"玉印等。东侧室为姬妾殉葬室，殉葬姬妾4人均有夫人印一枚。西侧室为7个厨役的殉葬室。后藏室为食物储藏室，里面藏有近百件大型铜、铁、陶制炊具与容器。

这些出土文物对研究秦汉时期岭南地区的建筑、土地开发、农业生产、文化、贸易，以及南越国的发展历史，都具有重要的价值。

⊙ "三最"之汉墓

陵墓中共出土文物10000多件，包括金器、银器、铜器、铁器、陶器、玉器等，殉葬者15人，是迄今为止岭南地区发现规模最大、出土文物最丰富多样、墓主身份最高的一座汉墓，也是最早的彩绘壁画石室大墓。其中"文帝行玺"龙钮金印是我国考古发掘出土的第一枚

A **B**

🔴 **南越王墓墓室分布图**

墓室建筑面积约100平方米，仿阳宅形制建造，坐北朝南、前朝后寝，分前后两部分，分别由石门隔开。

🟠 **墓道**

"文帝行玺"龙钮金印

金扣象牙卮

卮即酒杯。此象牙卮高
5.8厘米，厚0.3厘米。出
土时被装在一个漆木酒
杯内，整体呈圆筒形，卮
盖内针刻有凤鸟、飞雁
纹，盖身刻有四只独角神
兽，神兽张口回首、姿态
威猛，画面用红蓝两色相
涂，更增添了画面的立体
效果。这件针刻填色的
象牙制品是第一次发现，
是一件匠心独运的针刻
线画精品。

"皇帝"印玺，也是迄今所见最大的一枚西汉金印。此印
为方形龙钮金印，通高1.8厘米，边长3.1厘米，重148.3克，
含金量98%，印面呈田字格状，小篆体阴刻"文帝形玺"四
字，书体工整，刚健有力。印钮作一龙蜷曲状，龙首尾及四
足分别置于印四角之上，似在腾飞疾走。这枚金印出土时，
印面沟槽内及印台四周壁面都有碰痕和划伤，并留有暗红色
的印泥，显然是长期使用所致，说明这枚金印是墓主生前的
实用印。

按秦汉礼制规定，只有皇帝、皇后的印才能称"玺"，
其他臣属的印石是不能称"玺"的。皇帝用玺并非只有一
种，而是根据不同的情况使用不同的玉玺，且皇帝的玉玺是
可以往下传的。而赵佗的"文帝行玺"之所以不再传给后世
皇帝，而用于陪葬，是因为该金印为他个人专用。

除了"文帝行玺"金印外，南越王墓还出土了"泰子"
（"泰"同"太"）龟钮金印与"右夫人玺"龟钮金印。
"泰子"金印也是首次发现，在传世印玺中未曾见过。

历史上发现的玺印大多为铜质、玉质或者水晶质地，金
印的数量极其稀少，现存于世的仅有12枚。12枚金印中属东
汉的有8枚，属西汉的有4枚，仅南越国"文帝行玺"、龟钮
"泰子"与"右夫人玺"金印就占了3枚。

南越王墓的金器除了金印之外，还有金带钩、金花泡和
杏形金叶等饰物，而金花泡普遍被认为是海外输入的"舶来
品"。在随葬的银器中，最引人注目的是一件制作精
巧，闪闪发亮的银盒，其花瓣银光灿烂，尤其引人注
目。银盒呈扁球形，通高12厘米，腹径14.9厘米，
重572.6克，出土时藏在主棺室内，里面装着十盒药
丸。从造型、纹饰和口沿的鎏金圈套等
工艺特点看，与中国传统的器具风格
迥异，但与古波斯帝国时期（前550～前
330）的遗物相似。后经化学分析和专家们研究，
认为是波斯产品，而银盒里的药丸则很可能是阿拉
伯药。

这些遗物的发现，对研究南越国的对外贸易具
有重要的历史价值。

▶ 精美绝伦的文物

　　南越王墓出土的银器除了银盒外，还有银洗、银卮和银带钩，都是越王室的专用器具。带钩主要用于扣接束腰的皮带，还可以用于佩剑与钩挂刀剑、钱袋、印章、镜囊及各种饰品。出土于主棺室的那件银带钩呈弓状，长18.4厘米，以凸浮雕装饰，并且镶嵌宝石，钩首为龙头形，以卷云纹与腾跃的飞虎作为装饰。整个银带钩，宝石遍布，晶莹耀眼，制作精致，雕工精湛，富丽华贵，是极其难得的艺术珍品。此外还有6件银带钩，钩首除了龙头形，还有雁头形、龟头形、蛇头形等。

　　除金银之外，铜器在南越王墓的出土文物中，也占有重要地位。南越王墓出土的铜器，多为生产工具与日用器具，如厨具、饮食用具、乐器、车马器

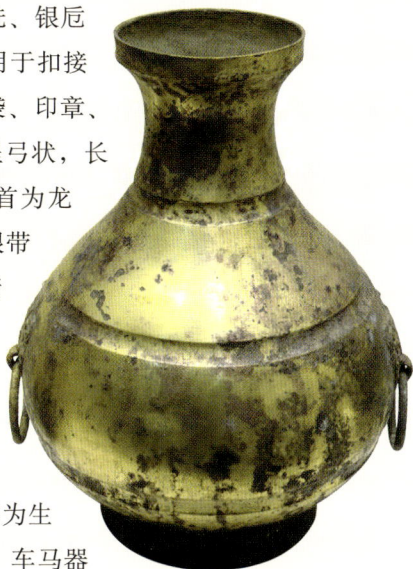

丝缕玉衣

南越王的丝缕玉衣长1.73米，共用了2291片玉，用丝线穿系和麻布粘贴编缀做成。分为头套、上身衣、袖套、手套、裤筒和鞋六部分。出土时，因南越王尸体和编缀玉衣的丝线已经腐朽，玉片散落在地，专家花了3年多时间修整复原，可以想见2000多年前制作玉衣是如何耗费人力和物力。

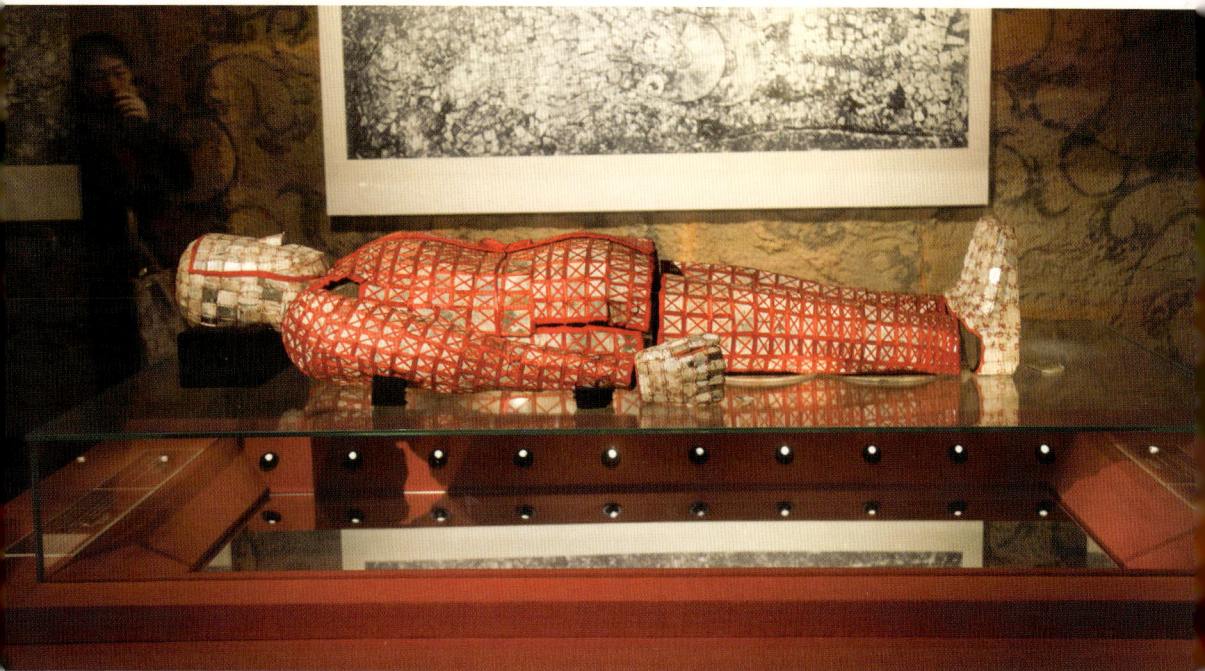

鎏金铜壶

青铜酒器。通体鎏金，颈细长，腹圆，广圈足微向外撇。西汉南越王博物馆藏。

等，不仅品种数量众多，达500多件，而且工艺技术精湛，充分体现了南越国的工艺特色。其中一件越式大鼎，高54.5厘米，出土时鼎内有"泰官"封泥印一枚。这充分证明，南越国也像西汉一样设有"泰官"一职，掌管南越王的日常饮食。南越国的出土文物中，许多物品虽然为日常用品，却也是难得的艺术珍品，比如一个鎏金铜壶，高37厘米，细长颈，大腹，造型美观大方，通体鎏金，光亮华丽。

铜提筒是南越王墓出土文物中最具地方特色的器物之一，尤其是其中一个船纹铜提筒，高40.7厘米。该提筒器身最为突出的是4只首尾相连的羽人船，船首倒挂一人头，船首尾各竖两根羽旌，每船有形态各异羽人5名，有的划桨，有的击鼓，有的持兵器等，皆为赤脚，且各饰羽冠。据分析，南越国临海，海患频繁，羽人船所表现的应是杀俘虏祭海神的情景。船与船之间，还有海龟、水鸟、海鱼等海洋动植物装饰，工艺精美，栩栩如生。此外还出土了大量的铜熏炉、钮钟、甬钟、铜剑、铜虎节、铜钫、印花铜凸版、铁铠甲、铁剑等文物，都具有非常重要的文化及历史价值。

除了金银铜器，南越王墓的玉器也数量众多，被称为"玉器之最"，其中最著名的是南越文帝赵眜的殓服丝缕玉衣。玉衣是汉代特有的丧葬殓服，有金缕、银缕、铜缕玉衣，玉衣有等级规定，诸侯王多用金缕，也有用银缕的。南越王墓出土的丝缕玉衣是我国首次发现、迄今为止唯一发掘出土的年代最早的一套形制完备的玉衣。共用2291块玉片用朱红色丝带穿系而成，构成多重几何形纹样，色彩鲜艳夺目。

南越王墓的发现，不仅具有重要的社会、历史价值，还对研究中国古代的文化科学具有不可估量的作用，是我国

考古史最辉煌的发现之一，也是整个世界考古界的奇迹。1988年正式对外开放的西汉南越王博物馆以古墓为中心，依山而建，建筑面积17400多平方米，将综合陈列大楼、古墓保护区、主体陈列大楼几个不同序列的空间有机地联系在一起，是岭南现代建筑的一个辉煌代表。

南越王博物馆

西汉南越王博物馆主要展示南越王墓原址及其出土文物。博物馆突出了遗址博物馆的群体气派，是岭南现代建筑的一个辉煌代表，曾获得六项国内外建筑大奖。博物馆还设有杨永德伉俪捐赠的陶瓷枕专题陈列和不定期的临时展览。博物馆现藏陶瓷枕多达400余件，制作年代由唐迄民国，以宋、金为主，数量之多、品质之精、窑口之广在国内同类收藏品中均属罕见。

德陵墓室

南汉二陵
釉色里的南汉风华

:: 南汉二陵位于广州市番禺区北部的小谷围岛，是五代十国时期南汉国两位皇帝刘隐和刘龑的陵墓，面积将近8000平方米，是目前国内发现的五代十国时期遗址中唯一保存完整的帝王陵墓。

南汉二陵包括南汉烈宗刘隐的德陵和南汉高祖刘龑的康陵两座陵墓。

刘隐祖上原籍河南上蔡，其祖父刘安仁迁居福建，以经商为生。其父刘谦从军，因唐朝末年邀击黄巢有功，唐中和二年（882）任封州（今广东省新兴县）刺史。刘谦死后，其长子刘隐继承父职。唐昭宗乾宁三年（896），刘隐出兵奇袭肇庆、广州，成为两广地区最大的割据势力。唐朝末年，岭南一带云集了许多士人名流。其中一些是为了躲避战乱，还有一些是被流放岭南的名臣后裔，另外一些是虽然任期已满，但因战乱而无法返回北方的地方官。刘隐重用岭南士人，为后来独立建国打下了基础。后梁乾化元年（911），刘隐被朱温封为南海王，当年病逝于南海（今广州），其政权由庶弟刘䶮继承。后梁贞明三年（917），刘䶮在番禺（今广州）称帝，国号"大越"，改元为"乾亨"，定都番禺。第二年，刘䶮自称是汉朝皇室的后裔，为了表示自己建国是恢复昔日汉家的天下，又改国号为"大汉"，史称南汉。南汉成为五代十国时期，割据于岭南的一个独立王朝，前后经历了55年的时间，后被宋朝所灭。今广东、广西、海南三省及湖南、贵州、云南的一部分都为南汉的疆域，是继南越国之后的第二个地方政权。

刘䶮称帝后，尊刘谦为圣武皇帝，葬于德陵。德陵位于小谷围岛西部的北亭村青岗北坡、大香山南坡，坐北朝南，由墓道、封门、前室、后室四部分组成。墓室已经被盗，"文化大革命"时曾被作为防空洞使用。在德陵里，并未发现陵园建制，但墓道中出土大量的青瓷罐与釉陶罐，是广州首次发现数量如此之多的五代瓷器，经鉴定为官窑制品。青瓷的胎质坚硬，釉色青中闪灰，晶莹透亮，是五代青瓷中的上品。这些瓷器的发现，对研究五代十国时期的陶瓷品具有重要的价值。

康陵是南汉开国君主刘䶮的陵墓，位于北亭村大香山南麓，北距德陵800米，是刘䶮生前亲自选址，命人日夜赶工，举全国之财力，耗资甚巨，花费数月才修建而成的。

康陵依山坡地势南北向兴建，分地上建筑和地下玄宫两部分。地面建有陵园和陵台，陵园呈长方形，四周建有陵

A | **B**

A 古砖

在德陵挖掘现场发现的古代砖块，上面还印有图纹。

B 青瓷盖罐

德陵出土的青瓷盖罐，通高12厘米，广州南越王博物馆藏。

康陵地宫

青瓷盒

康陵地宫出土的青瓷盒，口径10.7厘米，腹径12厘米，足径6.4厘米，通高8厘米，广州博物馆（越秀山镇海楼）藏。从盒内残留有香脂和香料可知，这是用来存放东南亚香料的器皿。

垣，四隅有角阙；陵台位于陵园的中部偏北，处大香山南麓的二级台地，为砖包土的方座圆丘结构，由圆坛、方座、散水等分层构成，南侧有神龛、祭台与坡道。在南面垣墙外，献殿排列整齐，与陵台遥相呼应。

陵台正下方为地下玄宫，位于山坡南端的一级台阶，是带墓道的长方形多重券顶砖室墓。墓内前室当门横立着一块哀册文刻，形状如碑，保存完好，高115厘米，宽154厘米，厚20厘米。上面题有"高祖天皇大帝哀册文"，38行，满行35字，共1062字，记载了墓主人的身份与去世时间。康陵哀册文是考古发现中首次出土的完整哀册全文，它用碑的形式刻制，突破了以前哀册用玉石片刻制的形式，是年代最早的一块哀册文碑石。

康陵积土为陵，却又与众不同：在玄宫上筑有圆坛。这种"上坛下墓"的营建形式在中国陵寝制度上是第一次发现。康陵还是五代陵中最完整的一座，整个陵园壮观恢宏。

康陵在被发现时，已经遭遇数次盗掘。作为南汉高祖刘龑的陵墓，应该十分隐秘，那么，它是怎么被发现的呢？据传，明朝崇祯九年（1636）秋，某天夜晚，一声惊雷突然从天而降，一个地方被雷击出了一个大洞穴。此时，一个农夫刚好从此经过，十分惊奇，于是走进了雷击所成的洞穴，一直深入洞穴内，他看到了遍地的金银珠宝。大堂正中是两个带着帝王礼帽的金铸人坐像，旁边站着12个白银铸成的学士，另外还有12个金人。大堂侧边的偏房里，当窗放着一面镜子，直径约1米，耀眼夺目，旁边有一只砚，砚池内的一条金鱼，居然还在游动……农夫带了一块铜镜回去，因此震惊了全村，于是村人纷纷去抢夺金银财宝。官府得知这个消息后，更加肆无忌惮地抢夺……一座由无数奇珍异宝堆砌的帝陵，就此被破坏殆尽。而只有那块哀册文碑石，侥幸保存了下来，证明了康陵主人的身份。

以残暴荒淫著称的刘龑，或许怎么也想不到，他精心选址、修建的陵墓，在700年后被摧毁、抢劫一空，所藏珍宝悉数被毁或被盗，历史是这样具有讽刺性与不可预知性。

因为康陵与德陵在考古上的重要意义，广州市政府已经计划在未来的时间里，逐渐开发二陵，并建成"考古遗址公园"，使其成为一个可以人人参与的考古现场，在人们了解史实的同时，又能增加人们的考古兴趣，普及考古知识，进而了解中国数千年前辉煌的古代文明。

绿釉陶罐

德陵出土的绿釉陶罐，高8.8厘米，广州南越王博物馆藏。

康陵内部

这是康陵摆放油灯和陪葬品的地方，墙上壁画已脱落。

89

光孝寺

祇园晖百粤，光孝耀羊城

Guangdong

:: 光孝寺全称为"报恩光孝禅寺"，位于广州市越秀区光孝路109号，始建年代距今1700多年，是岭南历史最悠久，影响最深远，规模最宏大的寺院，也是全国重点文物保护单位。

▶ 悠久的历史

　　俗话说：未有羊城，先有光孝。光孝寺的寺址，原是西汉南越王赵佗玄孙赵建德的府邸。三国时期，吴国骑都尉、易学家虞翻被贬至广州，于是就在此处修建住宅并开坛讲学，当时被世人称为"虞苑"。虞翻在此处广植苛子树，所以又被称为"苛林"。虞翻死后，家人将其住宅捐施佛门，遂成为庙宇，取名"制止寺"。东晋隆安年间（397～401），罽宾国高僧昙摩耶舍来广州传播佛教，在此处修建了一座五间的大雄宝殿，改寺名为"王苑朝廷寺"，俗称"王园寺"。

唐太宗贞观年间，寺宇规模不断扩大，成为岭南重要的佛教活动中心。唐贞观十九年（645）改寺名为"乾明法性寺"。唐高宗仪凤元年（676），接禅宗五祖弘忍心法的六祖慧能以行者身份来到法性寺，因风幡妙论打动大众。六祖大师在寺内菩提树下落发、受戒，并登坛说法，开演顿悟法门。宋朝初期，朝廷诏改寺名为"乾明禅院"，复改为"崇宁万寿禅寺"、"天宁万寿禅寺"、"报恩广孝禅寺"。南宋绍兴二十一年（1151），易"广"字为"光"字，"苛林"为"诃林"。自此寺名一直沿用至今，已有860多年的历史。明宪宗成化十八年（1482），朝廷敕赐"光孝禅寺"匾额。

清军南下时炮轰广州城，光孝寺遭到严重的破坏。顺治、康熙年间，部分殿堂得到了修建。清末至民国初年，光孝寺长期被文化教育部门和军政机关占用，殿堂建筑遭到了破坏。

新中国成立后，政府非常重视光孝寺的发展。1961年，光孝寺被国务院确立为全国重点文物保护单位。20世纪80年代以来，在寺内新老住持的带领下，全寺僧众修建殿宇、重塑圣像、建章立制、中兴道场，寺院重新焕发出生机。

⊙ 祖师辈出，八宗并弘

光孝寺历史上祖师辈出，八宗并弘，是著名的禅宗祖庭和译经道场。历史上曾有多位名僧来此传教译经，因而光孝寺又是广州地区与海外进行文化交流特别是佛教文化交流最早的地方。东

菩提之祖

光孝寺内的菩提树位于六祖殿前，胸径2米余。菩提树即荜钵罗树，原产于印度，相传释迦牟尼在菩提树下成佛，故别称觉悟树、智慧树。印度高僧智药三藏将菩提树引种到光孝寺后，该树种被移植到周边地区，如云南、肇庆、德庆、曹溪等处，因此光孝寺内的菩提树被称为诸寺"菩提之祖"。

晋时期，罽宾国的昙摩耶舍最早来此翻译佛经；刘宋元嘉十二年（435），天竺（今印度）三藏求那跋陀罗于此建立戒坛和毗卢殿，为僧徒传律授戒。求那跋陀罗翻译的《楞伽经》为禅宗的宗经之一。梁天监元年（502），天竺高僧智药三藏云游到广州，亲手将从释迦牟尼佛证道处带来的一株菩提树苗，植于寺内。梁普通八年（527），菩提达摩禅师携带释迦牟尼的衣钵来到广州，也曾在

敕赐"光孝禅寺"匾额
敕赐"光孝禅寺"匾额现悬挂于大雄宝殿前。

此传授禅宗心法;陈永定元年(557),西印度僧人波罗陀在寺内译经40部;唐神龙元年(705),古印度高僧般剌蜜帝在寺内译出《楞严经》,成为当今汉传佛教早晚功课必诵经典。

光孝寺作为岭南第一座佛寺和岭南佛教的传播地,最为出名的,莫过于禅宗六祖慧能的"风幡论辩"。相传慧能从五祖弘忍那里继承了衣钵之后,翻山越岭,历尽艰辛,回到故乡隐姓埋名16年。直到唐高宗乾封二年(667),听说大法师印宗来到广州光孝寺(当时称法性寺)后,慧能才来到光孝寺。一天晚上,印宗法师正在讲《涅槃经》,慧能悄悄地进去听讲。忽然间吹来了一阵大风,悬挂在大殿的佛幡被吹得左右摇动。有的弟子说:"幡是无情物,是风在动。"有的弟子说:"明明是幡动。"慧能觉得双方未能识自本心,便说:"不是风动,也非幡动,而是人的心在动。如果仁者的心不动,风也不动了,幡也不动了。"在座的人一听,无不感到震惊。印宗法师见慧能语出不凡,便邀请他入室详细询问。慧能出示珍藏了16年的袈裟和圣钵,印宗这才知道,原来他就是人们追寻了16年的六祖。

正月十五元宵节,印宗法师在光孝寺大雄宝殿后面的一棵菩提树下,给慧能削发受戒,在场的有当时国内的十大高僧。为了纪念禅宗六祖慧能大师出家剃度因缘,住持募款在慧能的头发埋地处,盖起一座塔,取名叫"瘗发塔"。塔以石为基础,砖灰沙结构,呈八角形,共7层,高7.8米,每层均有8个佛龛。

瘗发塔的东面是风幡阁,由原来的风幡堂与睡佛阁合为一体而得名。风幡堂建于唐代,是为了纪念六祖在光孝寺"风幡论辩"事迹而建的。睡佛阁也是唐代建筑,原来楼上供奉睡佛,楼下藏有梵经。后来,风幡堂在战乱中被毁,

瘞发塔

明代重修时将两楼合为一体，是为风幡阁。现在风幡阁中有达摩、六祖的石刻碑像，一面刻有达摩，另一面刻有六祖，为元代碑刻。风幡阁墙壁上有两幅彩色壁画，一幅记载达摩东渡的故事，另一幅则记载六祖风幡辩论的事迹。

慧能成为了佛教禅宗的六祖，使这座千年古刹因为瘗发塔、风幡堂等而增色不少，光孝寺因此而名扬天下。慧能公开成为禅宗南派领袖之后，转至韶关的南华寺开坛传法36年。慧能创造的"顿悟"参禅方法与北宗的"渐悟"相比，更容易为一般人所接受。随着南宗在南中国越来越兴盛，终于形成了临济、沩仰、曹洞、云门、法眼宗五家，甚至对日本、朝鲜都产生了很大的影响。由此可以说，光孝寺是中国佛教禅宗的"根"。

大雄宝殿

最初由罽宾国高僧昙摩耶舍于东晋隆安五年（401）创建，现存大殿是清顺治十一年（1654）改建扩修，面宽由五开间改为七开间，共36米，进深六开间25.4米，占地1104平方米。整座殿宇仍保持着唐宋时期的建筑风格，其造型之雄伟与气度之雍容，为岭南建筑所罕见。

▶ 城中清净之所

"光孝寺"三字金色匾额是由著名书法家、佛教人士赵朴初先生所书，匾额下的对联为："祇园晖百粤，光孝耀羊城"。由于光孝寺建寺历史悠久，又与禅、净、律、密等佛教各宗派都有着密切的关系，故被尊为禅宗明庭而驰名中外，这正与天王殿旧楹联所题写的内容相一致："禅教遍寰中，兹为最初福地；祇园开岭表，此是第一名山。"

入得光孝寺内，可见庭园广阔，古

木参天，殿宇棋布，气势雄伟。寺内树木郁郁葱葱，非常幽静。沿着中轴线由南往北走，可依次见到山门、天王殿，主殿大雄宝殿，瘗发塔；中轴线西面，有鼓楼、睡佛阁、西铁塔；中轴线东，则有洗钵泉、钟楼、客堂、六祖殿、碑廊；再东有洗砚池、东铁塔等。

大雄宝殿始建于东晋，大殿神龛上供奉的是华严三圣，中间佛像是释迦牟尼佛，侍立左右的是迦叶尊者和阿难尊者；在释迦牟尼两旁的两位菩萨，左边是文殊师利菩萨，又叫大愿菩萨，右边是普贤菩萨，又叫大行菩萨。这一佛两菩萨三尊佛像合起来称作"华严三圣"。

睡佛殿在大雄宝殿的西侧。殿内供奉的是释迦牟尼的涅槃像，用缅甸白玉雕成。传说当年释迦牟尼为了传播佛教，几乎走遍了整个印度半岛。80岁时，在拘尸那伽附近的娑罗对树下圆寂。卧佛像反映的就是释迦牟尼圆寂时的情景。

东西铁塔在大雄宝殿的东西两侧，是南汉国遗留下的古迹，是国内发现最大、最古老、最完整的铁塔。在清代乾隆年间，此塔上还曾有过千只贴金小佛像，所以它又叫"涂金千佛铁塔"。

六祖堂建于北宋真宗年间，是为纪念六祖慧能而修建。堂内供奉六祖慧能的雕像，神态安详，充满了智慧。六祖堂前还有一只大木鱼。木鱼是僧人们做法事诵经时敲击用的法器，因为鱼日夜都不会合眼，所以专意用它来警醒众僧，白天黑夜都不要忘记修行，才能"以至于道"。木鱼的鱼头是朝外的，而按佛寺里的规定，只有十方丛林才能将鱼头朝外，由此可见光孝寺的地位之高。

大雄宝殿内供奉的华严三圣

六榕寺

宝塔巍峨，树木葱茏

✈ **Guangdong**

:: 六榕寺位于广州市六榕路，离光孝寺不远，是广州市一座历史悠久、闻名海内外的古刹，与光孝寺、华林寺、海幢寺并称为"广州佛教四大丛林"。寺中宝塔巍峨，树木葱茏，文物荟萃，历史上留下不少名人的足迹。

六榕寺山门

六榕寺山门上有一副楹联："一塔有碑留博士，六榕无树记东坡。"是为民国初年文人岑学侣撰写。

⊙ 六榕寺的历史

六榕寺始建于南朝梁武帝大同三年（537），初名宝庄严寺。魏晋南北朝是中国佛教兴盛的时期，而南朝的梁武帝萧衍又极其推崇佛教。在他的影响下，全国各地，尤其是在南汉的统辖范围内，建起了大量寺庙，唐末诗人杜牧的名句"南朝四百八十寺，多少楼台烟雨中"，就生动地描述了当时寺庙众多的历史事实。六榕寺就是在这种氛围与背景中兴建起来的。当年，南朝梁武帝萧衍的母舅昙裕法师携带从柬埔寨求得的佛舍利来到广州，为了迎接这一佛宝，萧衍命广州刺史萧裕特意修建了宝庄严寺，还在寺中修建了一座塔来供奉佛舍利。

唐高宗时重修宝庄严寺。南汉时改名为长寿寺。宋初寺、塔均毁于火灾。北宋端拱二年（989）重修寺院，更名为净慧寺。北宋绍圣四年（1097），有广州人林修，在原舍利塔基上重建宝塔，并将佛牙舍利埋于塔下，塔内藏千佛像，所以改名为"千佛塔"。

榕荫园

六榕寺内的榕荫园内有六祖堂，供奉禅宗第六代祖师慧能的铜像。六祖堂前榕荫苍翠，菩提婆娑，是十分清净之所。

北宋元符三年（1100），著名的书法家、文学家苏轼被贬岭南，由海南北归，路过广州到净慧寺游玩。寺中住持仰慕苏东坡的大名，邀请他为净慧寺题字。苏东坡看到寺中有六棵枝叶苍翠的古榕树，生机勃勃，气势不凡，便欣然提笔写下"六榕"两字。字为楷体，遒劲奇伟，雅致端庄，厚重雍容。后人敬重苏东坡遗墨，将"六榕"刻字造一木匾悬挂于寺门之上。明成祖永乐九年（1411），净慧寺正式改名为六榕寺，舍利塔称六榕塔。六榕塔后来在清初重修后，因塔身檐壁色彩斑斓，故又被称为"花塔"，花塔的称呼一直沿用至今。

原来的净慧寺山门朝南，占地广阔，规模相当宏大。明洪武六年（1373），寺院一半面积辟为永丰仓，自此之后山门便改为朝东向，而寺院面积日渐缩小。如今的六榕寺占地7000多平方米。山门内自东向西依次为天王殿、花塔、大雄宝殿，北有解行精舍，南有碑廊、六祖殿、观音殿、补榕亭等。殿堂房舍大部分是清代以后重建或者新建，只有天王殿仍保留着明代的建筑风格。

▶ 天王殿

六榕寺山门上的楹联讲出了关于六榕寺的两个故事："一塔有碑留博士"，是讲写出名句"落霞与孤鹜齐飞，秋水共长天一色"名句的"唐初四杰"之一的王勃，他曾为舍利塔撰写碑文《广州宝庄严寺舍利塔记》，因王勃曾出任太常博士，因此称他为"博士"；而"六榕无树记东坡"，是因为岑学侣到六榕寺时，千年古榕树已经没有了，只留下了东坡文豪的真迹风采犹存。

一进六榕寺山门就是天王殿，里面供奉着护法神将四大天王，天王手持兵器，分别寓意"风调雨顺"。天王殿正面供奉着笑口常开的大肚弥勒佛。弥勒佛两旁有一副含义深刻且妇孺皆知的对联："大腹能容，容天下难容之事；开口便笑，笑世间可笑之人。"这是弥勒佛的写照，也是今天我们应当学习、倡导的一种洒脱的人生态度。

天王殿后面是韦驮殿，韦驮曾是南方增长天王手下的一名将军，以英勇、疾走如飞而闻名，又因为他黑面严肃，故而被安置于后面，担当起守护佛祖灵塔与大雄宝殿的重任。

⊙ 六榕花塔

穿过天王殿，便是一个庭院，庭院正中有一座色彩艳丽、壮观瑰丽的宝塔，这就是花塔。花塔是岭南地区现存最高的宋代古塔，也是寺中最令人瞩目的建筑。塔为砖木结构，高57.6米，平面呈八角形，外观9层，内设暗层8层，共17层。塔身除斗拱及楼层、栏杆为木制外，其余大部分用砖砌筑，作井筒结构，首层直径12米，各层砖砌叠涩挑承平座和瓦檐，并逐层向内收进。首层的副阶和各层琉璃瓦檐出檐较浅，是晚清重修时的式样。二层以上的木栏杆，1980年修复时采用仿宋式斗子蜀

六榕花塔

柱勾栏式。塔内楼梯为穿壁绕平座式，各层塔身外设有回廊，每层的层檐用绿色琉璃瓦覆盖，檐端微翘。塔心柱为铜柱，竖立于塔端中央，于元至正十八年（1358）铸造，柱身密布1023尊浮雕小佛像，还有云彩缭绕的天宫宝塔图。

花塔外观十分漂亮，整座宝塔犹如一支直插蓝天的巨大花柱，一层层的塔角飞檐，宛如吐苞向天开放的枣红色花瓣，塔刹又酷似花蕊；再加上塔身红白

相间，色彩斑斓，所以人们才形象地称其为"花塔"。登上花塔，可以饱览羊城的秀丽风光。

六榕寺与寺内花塔，历来为人们所称颂，其历史地位与光孝寺齐名，因此有"光孝以树传，净慧以塔显"的盛赞，体现了花塔在六榕寺的位置。

▶ 大雄宝殿

佛教传入中国后，寺庙的建造多以大雄宝殿为中心，佛塔则建在中轴线的旁边。而六榕寺则保留了古印度早期佛寺以塔为中心的建筑风格，花塔位于庭园中央，且在大雄宝殿的正前方，这在中国大多数寺庙中较为少见。

始建于南朝的大雄宝殿是佛寺的正殿，坐北朝南，塔在殿前。此殿保存到明初，洪武六年(1373)割寺之半为永丰仓时被割去。1983年重建大雄宝殿，殿内供奉的三尊佛像为释迦牟尼佛、阿弥陀佛和药师佛，每尊高6米，重10吨。这三尊佛像原安放在广州大佛寺内，康熙二年（1663）铸造，是广东省内最大的古代铜佛像。"文化大革命"时期，曾被红卫兵"清出"大佛寺，运到南岸废品仓库。1984年大雄宝殿落成后，广州市文管部门将三尊大佛从废品堆里抢救出来，供奉在殿内。

▶ 其他建筑

大雄宝殿的左侧是友谊佛堂，里面供奉的释迦牟尼铜像高2.6米，重1吨，是1985年由泰国教育部赠送的。

六祖堂供奉有铸造于北宋的六祖铜像，堪称精品。

观音殿供奉的观音铜像与大雄宝殿的三尊大佛像都铸于清康熙二年（1663），观音铜像高3米，重达5吨。

六榕寺是广东省重点文物保护单位，1997年六榕寺以"六榕花塔"为特色入选广州市十大旅游景点。

A **B**

A 大雄宝殿
B 三世佛

大雄宝殿内的三尊大佛为三世佛。中间的是释迦牟尼佛，左边是阿弥陀佛，右边是药师佛，他们分别代表现在、过去和未来。

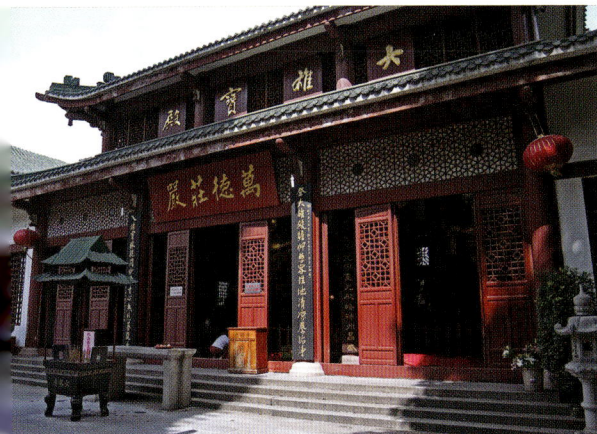

潮州开元寺

粤东第一古刹

✈️ **Guangdong**

❖❖ 开元寺位于广东省潮州市开元路，它的前身是荔峰寺，建于唐朝年间，有"百万人家福寺，三千世界丛林"的美誉，是粤东第一古刹。1980年，开元寺进行了大规模的整修，千年古刹重新绽放光彩，迎接前来朝拜、旅游的海内外人士。

　　唐开元二十六年（738），唐玄宗为超度在战争中死亡士兵的亡灵，下令在全国发生过重大战争的地方建造一所大寺，并用"开元"命名，潮州开元寺就是在那个时候建造的。到了元代，开元寺称"开元万寿禅寺"，明代叫"开元镇国禅寺"。清代以后，"开元镇国禅寺"与"开元寺"并称。开元寺自建立至今1200多年来，经历了大大小小的地震、海潮、台风等自然灾害，以及战乱、人为破坏等摧残，也经过了多次

开元寺大门

重新修建。如今整座寺庙既保留了唐代初建时的平面布局，又凝结了宋、元、明、清等不同朝代的建筑风格和艺术特色。

古代的开元寺是官方寺院，也是历代祝福君王、宣讲官府律令、国家祝典法仪的场地。其规模庞大，肃穆壮观，是一组较完整的唐代建筑群，被称为"古代建筑艺术明珠"。开元寺始建时占地约100亩，经历代沧桑，现存不足40亩。建筑格局大致分三部分。中轴线上分布着照墙、山门、天王殿、大雄宝殿、藏经楼、玉佛楼；东侧为客堂、地藏阁、五观堂、香积厨、斋堂、僧舍、不俗精舍、祖堂；西侧为方丈室、观音阁、慧业堂、僧舍、云水堂、诸天阁，

形成庞大的四合院式古建筑群。寺内不计其数的佛像、法器，以及古色古香的寺庙建筑，无不透露着中华佛教文化的源远流长和博大精深。远远望去，开元寺姿态雄伟壮观，漫步其中，处处可感受到一种庄严肃穆的气氛。

开元寺主体建筑为大雄宝殿，建在一个高出地面的台基上。面阔五间，进深四间，重檐歇山式屋顶，殿脊装饰有葫芦、雉尾。大殿和殿台四周的石栏板上嵌有78块雕刻有佛教故事的唐代石刻，同时刻有猴子、莲花等动植物图案。大雄宝殿前有一对石经幢，上面镌刻《准提咒》和《尊生咒》。这对石经幢，连同天王殿前的一对石经幢，都是建寺时的原物。尽管石表剥蚀严重，图

像斑驳，但是其线条明快，手法凝练，是不可多得的艺术珍宝。

大雄宝殿内神案前的大香炉为元泰定二年（1325）用陨石刻成，净高1.5米，由大小6层叠成，上面镌刻有"天人献花"字样，以及梅花鹿、变莲瓣、蟠龙、走兽等图案，刀锋犀利，刻工精美，棱角分明，是十分珍贵的文物。殿内有一座建于明朝末年的金漆木雕千佛塔，十分璀璨夺目。塔高2米，呈六角形，共7层。塔基的6个柱头分别刻成6尊力士，基座六面浮雕唐玄奘取经的故事，人物栩栩如生。基座的每个门洞，均放置十八罗汉及二十四诸天尊的塑像。整座千佛塔，结构复杂，雕工精细，具有很高的工艺及文物价值，是古代广东境内四座千佛塔之一。

大雄宝殿东侧悬挂着一座高1.7米，口沿105厘米，重3000多斤的大铜钟，铸造于宋代政和四年（1114），钟面平滑、工艺精良，看不到砂眼铸痕，历经百年的天天撞击，依然钟声悠扬，完好如新。

藏经楼中，珍藏有八大橱乾隆钦赐的雍正版《大藏经》，这是当时年逾八十高龄的开元寺方丈静会法师，风餐露宿，跨越千山万水，历经艰难险阻，进京请来的。经书共7240卷，内有汉、番、梵对照本。此外还有木刻印刷的佛教故事、连环图卷，其数量之多、资料之全，在全国的寺庙里都是罕见的。

寺中还有在抗日战争时期，智诚法师闭关三年、刺舌血书写就的《大方广佛华严经》一部，80余万字，楷书写就，字字端正，一丝不苟，被人们称赞道："三年般若心参透，一部华严血写成。"

开元寺内的墙壁上镶嵌着众多官府文告和历代开元寺重修碑记石刻。1961年，开元寺被确定为广东省重点文物保

护单位，1983年被国务院确定为全国重点开放大寺。

2005年，历经4年精心构筑的大悲殿落成。殿身面宽5间，进深4间，面积800平方米。重檐歇山，红墙碧瓦。殿外周墙的10幅青石浮雕、通雕和圆雕，反映了《观经》里的234个佛经故事。殿周有18根蟠龙大青石柱，荟萃了佛教文化特色和地方建筑、雕刻艺术，是古人智慧和现代智慧相结合的结晶。大悲殿内供奉的86尊汉白玉观世音菩萨应身化像，是国内佛教汉白玉观世音化身像最多的殿阁。

开元寺虽香火鼎盛，却依然庄严肃穆。入得寺来，风声、鸟鸣等一切声、一切相无不法音流布，传微妙之法。寺内树干挺直，枝杈齐整，日光照耀下，仿佛泛着一层银光。开元寺殿堂广大，却广开方便之门。寺中处处清净，随处安宁，干净简洁、灰白相宜，无人侧目，无人喧闹，自由自在。恢宏浓郁的佛教寺庙，配着绵延起伏的群山背景，悠远的古代生活画卷徐徐展开。钟鼓声起，撞入耳中，加上僧人吟唱，不知今夕何年。夜晚的开元寺寂静悠远，走在寺院之中，白日淡淡的香火味道飘浮在空气中，仔细嗅去又什么都没了。不由得令人肃穆起来，怕一丝意外的响动，打破了这里已维持千年的沉寂。

A 大雄宝殿

B 天王殿

天王殿正门额"度一切苦厄"为刘海粟所题。

C 大悲殿

南华寺

东粤第一宝刹，南宗不二法门

Guangdong

:: 南华寺全称南华禅寺，坐落于广东省韶关市曲江区马坝镇南4000米处的曹溪河畔，是广东六大名寺之一，也是我国最著名的佛教古刹之一。南华寺是禅宗六祖慧能大师的弘法道场，素有"东粤第一宝刹"之称。慧能大师在此弘法37年，诞生了中国佛教唯一被尊为"经"的典籍——《六祖法宝坛经》，南华寺也因此被尊为禅宗的"祖庭"。

▶ 南华寺历史

　　南华寺建于南北朝时期，印度高僧智药三藏是南华寺的创立者。据史料记载，梁武帝天监元年（502），智药三藏由南海北上广州，中途路过曹溪时，"掬水饮之，香味异常"。于是他溯流而上，看见了一块山水环绕、峰峦奇秀的地方，"宛如西天宝林山地"。于是他住了下来，并倡议乡民在此建寺造庙。当时担任韶州刺史的侯敬中，将此事奏请给了梁武帝。梁武帝本人是一位非常虔诚的佛教徒，对建寺庙的事情非常支持。天监三年（504），寺院建成，梁武帝赐额"宝林寺"，智药三藏担任首任住持。

唐高宗仪凤二年（677），隐身岭南山林15年的六祖慧能来到南华寺弘法，大力提倡顿悟法门，主张不立文字，教外别传，直指人心，见性成佛，用通俗简易的修持方法，取代烦琐的义学。慧能为禅宗的发展奠定了理论基础，对于后来各派禅师建立门庭，影响极大。唐玄宗先天二年（713），慧能大师圆寂，世寿76岁。其门人将慧能的肉身裹绽涂漆，保持其生前形象，供奉在南华寺。慧能所说法，由弟子法海辑为《六祖大师法宝坛经》，简称《坛经》。这是中国佛教唯一被尊为"经"的典籍。慧能得法弟子43人，他的弟子传承他的禅法，形成了禅宗的南宗。南宗流行日广，逐渐成为佛教禅宗的正系。南宗门下，后来形成河北临济宗、江西曹洞

卓锡泉

南华寺后有卓锡泉，韶关人俗称"九龙泉"。相传当年六祖卓锡泉水出，同时有九只泉眼出水，故民间称为"九龙泉"。

宗、湖南沩仰宗、广东云门宗、江苏法眼宗五宗，即所谓的"一花开五叶"。后来，法眼宗远播朝鲜和泰国；临济宗和云门宗更远播欧美。古往今来，南华寺因六祖慧能在中国佛教史和哲学思想史上的崇高地位，吸引着络绎不绝的朝拜者。六祖慧能创立的《六祖法宝坛经》之"经"典，在世界佛教史上留下了辉煌的一页。

南华寺几次易名，唐中宗神龙元年（705）改名为"中兴寺"；神龙三年（707）又改称"法泉寺"。宋开宝元年（968），宋太祖赵匡胤敕赐"南华禅

寺"，寺名沿用至今。历史上，南华寺几经兴衰，多次重修。隋朝末年曾一度荒败，唐高宗龙朔元年（661）重修；宋朝初年，寺院多半毁于一场大火，开宝元年（968）复修；元朝末期，南华寺又遭遇多次兵灾，明万历二十八年（1600）又得以大力中兴；清康熙七年（1668），平南王尚可喜重修全寺；民国廿二年（1933），虚云大师又募化重修全寺。现在所见到的寺院布局，除灵照塔、六祖殿外，都是民国时期所建。

⊙ 建筑布局

南华寺面向曹溪，背靠象岭，峰峦奇秀，青山滴翠，古木参天，郁郁葱葱。庙宇依山而建，建筑面积12000多平方米，殿堂在同一中轴线上，全寺建筑风格呈中轴线两边对称的布局，结构严密，主次分明。南华寺共七进，由曹溪门、宝林门、天王殿、大雄宝殿、藏经阁、灵照塔、六祖殿等建筑群组成。

从正门进入，首先来到曹溪门。曹溪门上有"曹溪"及"南华禅寺"两个木匾额，两侧有守护佛法的哼哈二将。经过五香亭、放生池，即可到达宝林门。宝林门上有"宝林道场"匾额，门联"东粤第一宝刹，南宗不二法门"挂在两侧。天王殿正中是笑口常开的弥勒菩萨，又叫布袋和尚。大殿两侧是四大天王，分别象征风调雨顺。"风"是手拿宝剑的南方增长天王，"调"是手握琵琶的东方持国天王，"雨"是手拿雨伞的北方多闻天王，"顺"是手缠蛇的西方广目天王。

经过钟鼓楼，大雄宝殿就矗立在眼前。大雄宝殿作为南华寺的主体建筑，是举行宗教活动的主要场所。殿正中供奉释迦牟尼佛，左边供奉阿弥陀佛，右边供奉药师佛。大殿四壁塑有神态各异的五百罗汉。

藏经阁颇具明代风格，两侧种有高大的佛教圣树——菩提树。菩提树长青不衰，象征佛光照耀人间。南华寺林木茂盛，古树参天。这里还有9株我国独有的、有"活化石"之称的水松，其中一株高达40米，树龄超过500年，笔直粗壮，直插云天。

灵照塔始建于唐先天年间（712～713），是南华寺至今保留原址不变的最高、最古老的建筑，为供奉六祖慧能的真身而建。唐宪宗元和七年（812），赐塔名为"元和灵照之塔"。现在的塔额"灵照"是民国时期的李汉魂书。灵照塔原为木塔，北宋初年毁于兵火，后重建。之后，又几经焚毁和重建。明成化十三年（1477），改建为砖塔，也就是现在所见到的塔。灵照塔为阁楼式八角五层砖塔，塔高约30米，首层出平座，以上均用须弥座，每层各面真假拱门两侧均

A B
C

Ⓐ 曹溪门
Ⓑ 藏经阁
Ⓒ 灵照塔

设有灯龛。塔刹为铜铸宝瓶，塔刹下的"窣堵婆"式造型是用生铁铸成。灵照塔原来供奉六祖真身，如今供奉毗卢遮那佛。

六祖殿内安放有六祖慧能和明代憨山、丹田大师的真身像。走过六祖殿，就来到俗称"九龙泉"的卓锡泉，卓锡泉水终年流涌不绝，清澈甘洌，传说六祖慧能曾在此浣洗袈裟。九龙泉水冲泡的寺内特有的"南华茶"，入口清香，回味甘甜无比。

▶ 珍贵文物

南华寺现存六祖真身、唐元明代圣旨、御制金丝千佛袈裟、清代《大藏经》、铁铸观音等国家一级保护文物300多件。1983年，南华寺被国务院定为国家重点寺院。2001年被国务院批准列入第五批全国重点文物保护单位名单。

南华寺最珍贵的文物，要数六祖殿

大雄宝殿
大雄宝殿香火十分旺盛。

A B

A 六祖殿

B 六祖殿内景

殿堂正中，仿阿育王式木塔佛龛内供奉着六祖慧能大师真身像。

正中的佛堂里供奉的六祖慧能大师真身像了。六祖慧能圆寂后，出于宗教信仰和对祖师的崇拜，他的弟子们以慧能的肉身为基础，用中国独特的造像方法——夹苎法，塑造了六祖的真身像。六祖身着斜领衫，外披袈裟，腿足盘结于袈裟内，结跏趺禅定坐，双手相托置于腹前。坐像高80厘米，抬头，闭目向前，颧骨突出，上红褐色油漆。六祖表情生动逼真，形象栩栩如生，深刻表现了六祖慧能多思善辩的才智和自悟得道创立禅宗南派的高僧气质。

漫步于南华寺之中，望着潺潺"曹溪香水"，静静聆听"南华晚钟"，心灵会受到一次又一次的涤荡。无论是否为佛教教徒，每个来到南华寺的人，内心都会充满质朴的虔诚，被浓厚的佛教文化所感染。进入六祖殿礼拜，仿佛能够聆听到六祖大师将艰深的法意和自身

的体悟，用浅白的语言宣示给大众，向大众讲述佛法原则、佛法精神。《金刚经》认为："凡有所相，皆是虚妄。"在慧能看来，我们的身心并非实有，试图用拂尘不断扫除的"尘埃"也并非实有。烦恼不起，清净自如，在不需刻意修饰的日常生活中，便能体悟佛理，达到真正觉悟。慧能之后，"心外无佛"与顿悟更为和谐地结合起来，禅宗向洒脱和诗意的方向发展，以"不离世间"的方式，将佛法精神普及给大众百姓。

来到南华寺，默默悟禅，可得更富智慧的人生态度，可得更为自在的生活方式，精神上也可得解脱和超越。来到南华寺，可见不曾着意矫饰的肆意。于绝无人际的山涧旁见到一树春花，或许就知万物本相的禅意。若是回到喧嚣尘世之中去，依然会思念明媚花海的美丽。

BEAUTIFUL CHINA

陈家祠
岭南建筑艺术之大成

:: 陈家祠又叫陈氏书院，建成于清光绪二十年（1894），是由当时广东省七十二县的陈姓宗亲合资兴建的合族宗祠，是广东省著名的宗祠建筑。陈家祠以三雕（木雕、石雕、砖雕）、二塑（陶塑、灰塑）、铁铸（铁画）和彩绘艺术（壁画）著称，是集岭南历代建筑艺术之大成的典型代表。1959年被辟为广东民间艺术博物馆，1988年被国务院公布为全国重点文物保护单位，2002年入选新"羊城八景"。

▶ 建筑形制

　　陈家祠位于广州市中山七路恩龙里34号，清光绪十四年（1888）开始筹备建设，由当时岭南最好的建筑大师黎巨川设计，历时6年建成。始建时，既是祭祀祖宗的宗祠，也用作广东各县陈氏子弟来省城参加科举考试时的学习及住宿场所。民国年间，陈家祠内供奉的牌位达上万块之多。"文化大革命"期间，陈家祠受损严重，万块牌位尽被烧毁，只剩下两块。1981年进行大规模的维修整理，1983年重新开放。

陈家祠是岭南历代建筑艺术的典型代表。祠堂坐北朝南，深三进，广五间，占地15000多平方米。以大门、聚贤堂、后座为中轴线，采用中国传统"三进三路九堂两厢杪"的院落式布局。祠堂的建筑结构可分为三轴、三进，每进之间既有庭院相隔，又利用廊、庑巧妙连接，共有9座厅堂、10座厢房与6个院落。整个建筑结构布局严谨，前后、左右对称，虚实相间，层次丰富。长廊、青云巷穿插在庭院园林之中，四通八达，使得整个建筑形成各自独立而又相互联系的整体。

首进正门厅，面阔五间27米，进深三间12.75米。硬山式屋顶，除了两端有封火山墙外，左右次间与梢间之间屋面各筑起一道封火山墙。左右两梢间的正脊比明次间略低，形成中央高、两侧低的屋脊轮廓线。

正门的建筑外观具有显著的岭南清代祠堂建筑特色：青砖石墙裙；石檐柱；大门两侧各立一只大石鼓；大门建筑的两梢间各有一个高起的石台，这是古代门墩的遗制。

跟岭南其他祠堂的石鼓比起来，陈家祠大门两侧的石鼓特别巨大，连座高2.55米，直径达1.4米。石鼓精雕细琢，饰有日月神、八仙和多子多福等题材的高浮雕图案。当时，只有宗族中有人获取高官和功名，祠堂门前才可设置石鼓，石鼓越大象征其地位越高贵。1892年，在陈家祠动工两年后，族人陈伯陶被钦点为探花郎，清政府特许陈氏家族在宗祠前设立巨型石鼓，以示表彰。这对石鼓，是目前广东省保存规模最大的石鼓，也是陈家祠门第与功名的象征。

正门门额题刻"陈氏书院"。据说清朝时期，南方一些省份修建宗祠之风十分盛行，一些祠堂拢聚的同族范围越

A B

Ⓐ 大石鼓
Ⓑ 廊道

廊道的应用在陈家祠中随处可见，形成室外与室内的过渡，尽显岭南建筑特色。

111

来越大。出于稳定政权的考虑，清政府对壮大的合族宗祠采取压制政策。光绪年间，虽然清政府放松了对合族祠的管制，但为了获得合法化生存，陈家祠还是冠以了书院之名。厚重的大门板上有高4米的彩绘门神像，色彩鲜艳，形象庄严威武。

跨进大门进入首进正厅，迎面看到的是一具四扇镂空双面雕屏风。每扇屏风高4.5米，宽1.3米，上面镂雕"渔樵耕读"、"渔舟唱晚"、"衣锦还乡"等传统题材为主的画面，构思精巧，雕工精细。转过屏门，可看到两条长廊分列左右，长廊上装饰着广东地区特有的灰塑。

中进大厅"聚贤堂"是陈家祠堂中轴线的主殿堂，也是书院建筑的中心，是当年陈氏族人春秋祭祀，以及商议重大事件的地方，堂中横列的巨大屏风，精致通透，为难得的木刻精品。该堂面阔五间27.84米，进深五间16.7米，抬梁式结构，设斗拱。在中国古代建筑中，使用斗拱与否是建筑等级高低的重要标志之一。聚贤堂广泛使用斗拱，表明了

它在整座建筑群中的尊贵地位。后金柱正中三间装有12扇双面镂雕屏门，雕刻内容为从商周到宋代的历史故事、民间传说等。为了突出聚贤堂的中心地位，堂前设有白石月台，绕以雕饰精美的石栏杆和望柱，镶嵌铁铸通花栏板，典雅华美。

中进东西厅阔三间14.05米，进深五间16.7米，抬梁式结构，设斗拱。后金柱明间装4扇双面雕槅扇，东厅四扇雕《三国演义》故事，西厅四扇雕《水浒》中的内容。

后进一列共3座厅堂，都是祭祀陈氏祖先的祖堂。正厅面阔五间27米，进深三间16.4米，抬梁式结构，前出卷棚式廊。

当年书院教学读书的房间为东西斋和厢房。东西斋为单间，人字形封火山墙承檩。斋内用花楣、槅扇和落地花罩组合装饰。后窗采用套色蚀花玻璃窗，斋前有一小天井，显得室内外格外清朗。东西厢房用通花格嵌套色蚀花玻璃上落窗装饰，光线柔和，栖身其中，书香浸染，格外雅致清新。

▶ 建筑装饰艺术

陈家祠的建筑以装饰精巧、富丽堂皇闻名于世，是集岭南历代建筑艺术之大成的典型代表，以三雕（木雕、石雕、砖雕）、二塑（陶塑、灰塑）、铁铸（铁画）和彩绘艺术（壁画）著称，俗称陈家祠"七绝"。

木雕：陈家祠建筑内部，几乎所有部件都装饰有精美的木雕。这些木雕用料庞大，色泽深沉，雕工精细考究，图案繁缛富丽，内容包罗万象。聚贤堂后金柱正中三间12扇以历史故事为题材的双面镂雕屏门，被誉为"民间艺人运用木头和钢刀雕就的历史故事长廊"。

石雕：陈家祠的石雕主要采用花岗岩石材，施用于门券、台基、廊柱、柱杆等建筑承重及易受风雨侵蚀的部位。

聚贤堂
聚贤堂堂宇轩昂，庭院宽敞。屋顶上的陶塑瓦脊长27米，全高4.26米，是清代广东石湾陶塑商号文如璧的作品。

石雕融合了圆雕、浮雕、镂雕、阴刻等技法，纹饰繁复，造型秀丽，具有南方石雕精巧秀气的风格特点。大门前左右侧的一对石狮，线条圆润简练，造型秀丽生动，具有清代广东石狮特色。聚贤堂前的石雕栏杆，以花鸟、果品为题材，运用浮雕、透雕、圆雕等多种技法雕镂，是石雕艺术的代表作。

砖雕：陈家祠的砖雕，主要用于檐墙、廊门、山墙墀头之上，起装饰作用。砖雕以上等青砖为材料，依据图案所需逐块雕琢，然后依次镶砌在墙上而成。广东砖雕有"挂线砖雕"之称，雕刻采用圆雕、高浮雕、减地与镂空等技法结合运用，刀工细腻。平面以深刻条花纹、网纹处理，创造出规整流畅、纤细如丝的深刻线条技法。陈家祠的砖雕装饰，数量多、规模大、做工细，充分体现了广东砖雕艺术的风格特点，也代表了广东砖雕艺术的最高水平。正门两边东西檐墙上有6幅大型砖雕，其中两幅宽4.8米，高2米，技艺精湛，规模宏大，颇为罕见。精美的砖雕使陈家祠外墙变得富有生机，充满高贵典雅的文化韵味。

陶塑：陈家祠正脊脊饰采用佛山陶塑，共计11条，这些脊饰是陈家祠最醒目的建筑装饰，也是广东现存最大型、最华丽的清代传统建筑装饰。在11条陶塑脊饰中，以聚贤堂的规模最为宏大，总长27米，高2.9米，连同灰塑基座总高4.26米。脊饰多以龙凤、瑞兽、山水、花鸟为饰，此外，还有以粤剧传统剧目的历史故事、民间传说为题材塑造的相关

场景。聚贤堂的整条瓦脊共塑有224个人物，内容丰富、形象生动，整条屋脊好似一个巨大的舞台，生动而直观地讲述着一个个传奇故事。

灰塑：灰塑是广东传统建筑特有的室外装饰艺术，以石灰为主要材料，一般装饰在屋脊、门廊、山墙等部位。陈家祠的灰塑用于屋脊基座、山墙垂脊、廊门屋顶、厢房和庭院连廊及东西斋的屋脊上，总长度达1800米。造型夸张有趣，色彩大红大绿，以花鸟人物，山水美景，亭台楼阁等为题材，具有浓郁的岭南特色。

铁画：铁画是以低碳钢为材料，打制或浇铸而成。在清代传统建筑中，以铁铸作为庭院装饰是很少的，而陈家

祠的铁画装饰却独树一帜。聚贤堂月台上的双面通花栏板，更是我国古代庭院建筑装饰艺术的杰作，内容有"麒麟玉书凤凰图"、"二龙戏珠"、"三阳开泰"、"金玉满堂"、"连年有余"等。这些铁画色调凝重，构图精美，与浅色的石栏杆相互映照，更增加了艺术效果。

彩绘：陈家祠的彩绘艺术主要体现在大门门神和东西厢房的壁画上。大门板上的两尊彩绘门神像各高4米，运用工笔重彩技法描绘，色彩艳丽和谐，形象地表现了守门大将威武雄伟的神采。东西厢房为陈氏弟子的读书处，东厢房壁画绘《滕王阁图》，西厢房绘《夜宴桃李》，以文人雅士为题材，恰好与厢房

A 聚贤堂铁铸栏板

石、铁巧妙结合，产生出画卷般的艺术效果，使月台显得更加典雅大方。

B 陶塑脊饰

C 砖雕《刘庆伏狼驹》

东檐墙上的《刘庆伏狼驹》图，取材于戏曲故事，共雕有40多个人物，生动地刻画出宋朝大将刘庆降伏大夏国狼驹时的热闹情景。

的书房功能相匹配。

陈家祠装饰风格多样，既有大型的制作，也有精巧的小作品，粗犷豪放与精致纤巧既各具魅力，又相得益彰。精雕细琢的雕刻装饰，与雄伟的厅堂建筑完美融合，浑然一体，让陈家祠成为一座宏伟瑰丽的民间装饰工艺的建筑宝库。

开平碉楼
中西合璧的乡土建筑

✈ **Guangdong**

:: 如果你看过电影《让子弹飞》，那么一定会对其中周润发扮演的恶霸所住的规模宏大、造型别致，既有明清及民国时期中国建筑特色、又混搭了西式华丽风格的碉楼印象深刻。没错，频繁出现在剧中，成为该剧一大亮点的碉楼，正是开平碉楼。让我们跟随"子弹"的轨迹，去探访一下开平碉楼的前世今生吧！

⊙ 碉楼的兴起与建筑文化的中西合璧

开平碉楼位于广东省江门市下辖的开平市境内，是集防卫、居住和中西建筑艺术于一体的多层塔楼式建筑，也是中国乡土建筑的一个特殊类型。在开平的城镇农村，碉楼星罗棋布，随处可见，多的一个村有十多座，少的一个村也有两三座。开平碉楼区别于其他古碉楼的特点是，它将中国明清及民国时期的岭南乡村建筑文化与西方建筑文化进行了有机融合，具有中西合璧的特点。开平碉楼融合了古希腊、古罗马、伊斯兰等多种建筑风格，例如古希腊的柱廊、古罗马的柱式、拱券和穹隆等。欧洲中世纪的哥特式尖拱和伊斯兰风格拱券、欧洲城堡构件、葡式建筑中的骑楼、文艺复兴时期和17世纪欧洲巴洛克风格的建筑等在开平也随处可见。根据现存的碉楼判断，开平碉楼最早兴起于16世纪后期，此时正是西方思潮开始涌入中国的时间，这也是早在明代时修建的开平碉楼，即具有西方建筑风格的原因。

开平碉楼的兴起，与开平的地理环境，以及明朝后期的社会治安，有着密切联系。明朝后期，开平位于"四不管"之地——新会、台山、恩平、新兴四县之间，

匪患猖獗，民不聊生，不少华侨、归侨、侨眷被害。因此，许多华侨全家投靠其他地方的亲友，否则便有性命财产之虞。此外，开平地势低洼，大小河流众多，水利又失修，每遇台风暴雨，洪涝灾害频发。因此，村民修建碉楼以防盗匪与水患。开平碉楼为多层建筑，比普通民居高，而且坚固厚实，窗也比普通民居开得小，窗外设有铁板门窗。修建碉楼时，在碉楼的上部四角都建有角堡，角堡为突出悬、挑，呈全封闭或者半封闭，一是起到监视敌情的作用，二可以居高临下抗击袭村之敌。

⊙ 千姿百态，各具魅力

鸦片战争以后，清政府的统治更加腐败颓废，开平人迫于生计，开始大批出洋谋生。经过一辈乃至数辈人的艰苦拼搏，渐渐有了些产业。到了民国，战乱更为频仍，匪患尤为猖獗，而开平因山水交融，水陆交通方便，同时侨眷、归侨生活比较优裕，故土匪集中在开平一带作案。1922年，有土匪伙劫开平

A B

A 开平碉楼群

经历了几个世纪的风雨，开平碉楼已显斑驳，却依旧能看出当年的风采。

B 自力村碉楼群

自力村碉楼群位于开平市塘口镇，有15座风格各异、造型精美、内涵丰富的碉楼，是开平碉楼兴盛时期的杰出代表，也是世界文化遗产地之一。

自力村 ZILI VILLAGE
开平碉楼与村落 2007年6月28日列入世界遗产名录 on June 28th 2007
Kaiping Diaolou and Villages was inscribed on the World Cultural Heritage List on June 28th 2007

中学，被鹰村碉楼探照灯所照射，四处乡团及时截击土匪，救回校长及学生17人。此事轰动全县，海外华侨得知后，认为碉楼在防范土匪上有重要作用，于是，大量华侨在侨居国请人设计好碉楼设计图，然后带回家乡建造。由于侨居他国，受各国影响，所以碉楼的建筑风格与式样色彩就呈现多种多样的西方建筑特征。因此，碉楼林立逐渐成为"侨乡"开平的一大特色，最多时有超过3000多座碉楼，现存1833座。

其中，被称为"开平第一楼"的瑞石楼，位于开平市蚬冈镇锦江里村，是开平现存最高、最美的碉楼，也是中西建筑风格完好结合的典范。

⊙ 式样繁多，色彩丰富

按照碉楼的使用功能，开平碉楼可以分为三类：众楼、居楼、更楼。

众楼，顾名思义，由全村人家或者若干户人家共同集资兴建，每户分房一间，为临时躲避土匪或者洪水使用。众楼通常建在村后，造型封闭简单，外部装饰较少，但众楼很强调其防御性。在三类碉楼中，众楼出现得最早。

居楼，也多建在村后，但它是富裕人家独资修建，通常楼体高大，空间较为开阔敞亮，生活设施比较完善，起居方便。碉楼主人根据自身的经济状况，对碉楼外观进行装饰，因此，居楼的造型比较美观多样，充分运用各种建筑材料与手法，外部装饰性强，在满足基本防御功能的基础上，追求居住的舒适性、建筑的形式美，往往成为村落的标志。

更楼，有更夫打更巡视的意义，因此取名"更楼"，主要建在村口或者村外高

A B

A 瑞石楼

瑞石楼高9层，占地92平方米，钢筋混凝土结构，牢固非常。楼的顶部有3层亭阁，凸现西方建筑风格，其中以四周用承重墙接托的罗马穹隆顶和以支柱支承的拜占庭穹隆顶造型最为显著。

B 铁窗

碉楼除了居住外，最主要的功用就是防范土匪，所以铁窗一关，势若铁桶，坚固异常。

处的山冈、河岸。更楼高耸林立，视野开阔，多配有探照灯与报警器，有利于及时发现匪情，向各村警报，是开平各村联防需要的产物。更楼出现在三种楼里的时间最晚。

另外一种分类方法是按照碉楼的建筑材料，分为：石楼、夯土楼、青砖楼、混凝土楼。

石楼，又称为"垒石楼"，因要防水患，石楼主要分布在低山丘陵地区。墙体有的由加工规则的石材砌筑而成，有的则由天然石块垒放，石块之间用黏土粘接。此类碉楼数量较少。

夯土楼，又称为"泥楼"或"黄泥楼"，主要分布在丘陵地带，以赤水、龙胜两镇居多。虽然经历几十年的风雨侵蚀，仍然十分坚固。

青砖碉楼包括内泥外青砖、内水泥外青砖和青砖砌筑3种，少部分碉楼用现代红砖建造，在红砖外抹水泥。

混凝土楼，多数为居楼，主要分布在平原丘陵地区，又称"石屎楼"或"石米楼"，整座碉楼使用水泥、砂、石子、钢材组成，极为坚固耐用。混凝土楼多是华侨吸取各国建筑不同特点设计建造的，造型最能体现中西合璧的建筑特色。混凝土楼的数量在开平碉楼中最多，占80%以上。

开平碉楼的下部形式都大致相同，只有大小、高低区分，造型变化主要体现在塔楼楼顶，有中式屋顶、中西混合式屋顶、古罗马式山花顶、穹顶、美国城堡式屋顶、欧美别墅式房顶、庭院式阳台顶等。而根据碉楼的上部造型，又可将开平碉楼分为柱廊式、平台式、退台式、悬挑式、城堡式和混合式等多种式样，这些不同的建筑造型，千姿百态，各具魅力，反映着楼主的经济实力、审美情趣与受西方建筑文化影响的程度，是开平碉楼独具魅力，最引人入胜的地方。

开平碉楼主要分布在村后，与村边周围的竹林、村前的池塘、村口的古榕，形成了"根深叶茂、平安聚财、文化昌盛"的和谐环境。点式的碉楼前是成片的低矮民居，犹如全村的依靠，满足了村民需要安全保护的心理。开平碉楼成为侨乡构建和谐生存环境的重要手段。

作为近现代重要历史遗迹及代表性建筑，开平碉楼2001年被国务院列入第五批全国重点文物保护单位名单。2007年，"开平碉楼与古村落"申请世界文化遗产成功，被正式列入《世界遗产名录》，成为我国第35处世界遗产。

佛山南风古灶

✈ Guangdong

陶瓷文化源远流长，工艺精粹生生不息

:: 我国自古就是举世闻名的陶瓷之国，广东省佛山市的石湾镇是岭南历史上著名的陶业基地，素有"南国陶都"之称。南风古灶同时也是了解石湾历史的重要途径，只有走进南风古灶，才能真正了解闻名中外的石湾陶的生产过程，了解石湾与中国数千年的陶文化。

南风古灶建于明正德年间（1506～1521），500年来窑火不绝，生产没有间断过。更为难得的是，经历几百年的历史变迁，古灶依然保存完整，是我国乃至世界上年代最久远、保存最完好，并且至今仍在使用的龙窑。2001年南风古灶被定为国家重点文物保护单位，并被载入《吉尼斯世界纪录》。南风古灶因其不可替代的历史价值与科学价值，被誉为"活的文物"。

⊙ 邀约南风五百年

据相关史料记载，南风古灶为石湾镇镇岗霍氏家族所建。霍氏始祖原在山西经营陶器烧制，后迁入广东石湾，在元代"文灶"的基础上建造了南风灶。目前所见到的南风古灶，乃是历经明清至今不断修葺后的面貌。现在的南风古灶，窑体总长30多米，窑墙外宽6米、内宽平均2.3米，通高约2米，以窑中断最高。全窑平均倾斜度为12°，也就是每米平均升高20厘米。窑膛头尾坡度被认为是世界之最。

南风古灶窑内结构大体上还按照旧貌保存。窑腔用小型砂砖砌成，像一条隧道。窑内平面呈船底形状，两头略窄，中部稍宽。窑的顶部呈圆拱券形，窑壁和顶均用砂砖砌成。窑顶厚约0.25米。窑炉前端设有燃烧室，俗称"窑头"，用来预热升温。窑灶共有5个窑门，宽约0.7米，高约1.4米，做各段出入窑之用。

从窑头到窑尾，共有29～34排火眼（投柴孔），作为烧窑时观测窑温和投放木柴之用。火眼每排5个，相距0.85～1米。当烧窑的师傅自上而下从火眼投放木柴时，燃烧的古灶就犹如一条火龙。烧窑时，最高温度可达1300℃。

历史上，南风古灶一直主烧日用陶，如茶壶、茶杯、碗、罐等，从清后期开始，南风古灶也会烧制一些艺术摆件。南风古灶至今仍保留着传统的陶瓷烧制工艺，以木柴为燃料，装窑师傅不依靠现代的气窑、电窑，而仅凭肉眼测定温度而随机应变，这一绝活让人惊讶。烧制一窑产品约需3天，俗称"三日火"。三日一窑，速度不快，

但古窑依然坚持保留传统的手工制作，这也给石湾龙窑带来了极好的声誉。因为柴烧温度具有不确定性，形成古窑特有的"窑变"现象，从而获得罕见的、釉色变化独特的稀世珍品，有"石湾龙窑，每窑一件宝"的美誉。

⊙ 南风古灶的当代价值

近年来，以南风古灶为中心，以陶瓷文化为主题，经过不断的开发建设，建成了近27万平方米的南风古灶旅游区。集旅游、观光、生产、习艺、研讨、参与、购物于一体，下辖南风古灶、陶塑公园、绿舟孔雀园三个景区。

这里还有规模宏大的设施，值得一提的是艺术长廊公仔街和广东石湾陶瓷博物馆。

"石湾公仔"是人们对石湾艺术陶瓷的俗称。公仔街位于石湾公园与南风古灶之间，颇有明清风格，专门销售各种陶瓷艺术品。这里出售的陶瓷艺术品，跨越古今，种类繁多，既有充满生活情趣的工艺品，也有颇具现代气息的家居装饰品，分明是一个陶瓷艺术的文化长廊。

石湾陶瓷博物馆气势恢弘，设计精美，内容丰富，是目前广东最大的一间陶瓷博物馆，也是全国最大的陶瓷博物馆之一。

旅游区还兴办了石湾陶瓷研究院、玩陶玩釉欢乐厅、少儿陶艺培训基地等。有陶艺师傅亲自教授陶艺制作，有助于陶艺爱好者开阔眼界、提高审美意识和掌握制作技巧，也有助于少年儿童发挥其艺术潜能和丰富的想象力、创造力。

佛山南风古灶

莲峰观海
瑰丽山川，美不胜收

✈ Guangdong

:: 当漫步在莲花山古采石场，会惊异于千百年前充满智慧的先辈，用简陋的工具创造出"人工丹霞"的奇迹。耳畔古人凿石的声音还未消逝，却又被世界最高的露天观音圣像深深震撼；桃花节的芬芳还未散尽，莲花节的脚步又悄悄地近了……莲花山有美景，有奇迹，更有民族抗争的传奇！

⊙ 人工无意夺天工的奇景

莲花山位于广州市番禺区东部，背依美丽富饶的禺山大地，面向浩瀚的珠江，是古人创造的国内仅见的"人工丹霞"奇迹，素有"莲花胜境"的美誉。

关于莲花山的由来，流传着一个观音济世的神话故事。据说，很久以前，南海有一条孽龙，在珠江口兴风作浪，常常淹没田地，沿岸居民饱受其害。一天，南海观音菩萨路过此地，眼见孽龙遗祸，生灵涂炭，于是大发慈悲，将座下的莲花掷向水中，

莲花山公园

镇压住了孽龙。莲花入水后化为巨石，成为今日莲花山南天门边的亭亭玉立的美丽莲花石。莲花山也由此得名。

1994年，莲花山上修建了高达40米的望海观音像，观音像用120吨青铜铸成，外贴纯金9000克，是目前世界上最高的金箔观音立像。观音手持玉净瓶，仙态玉貌，慈眉善目，俯视南海，仿佛在祈愿风调雨顺，国泰民安。

莲花山上的古采石场遗址，与湖北大冶古铜矿场并称为我国两大古矿场遗址。莲花山位于珠江水道旁边，是古代广州航运的必经之地，当年在这里开采的石料，从水路逆流而上运到广州象岗山。从西汉到清朝的2000年来，南粤的先民世世代代在这里开采石料，开采面积达500多亩，在莲花山的东部沿岸地区形成了逶迤数里的石林与岩洞，形成了国内罕有的"人工无意夺天工"的石景奇观。在这个历史悠久的古采石场中，奇峰异洞林立，悬崖峭壁嵯峨，千姿百态，奇丽壮观，形成莲花岩、象鼻山、神镜、天池、南天门、云梯、金鱼池、莲花洞天、溅玉、观音岩、飞鹰岩等胜境。这些由古代劳动人民一锤一钎开凿而成，又经历2000多年的自然风化，千姿百态，雄伟挺拔的石林，构成了一个伟大的"石雕古迹"，是人工与天然结合的奇迹。

莲花山由48座红色砂岩低山组成，属丹霞地貌的地质构造。莲花山的砂岩石质优良，密度高、砂质细，是优良的建筑材料，尤其适合做墙基，具有防潮的作用，古人也用它来作磨刀石，所以

望海观音

观音宝像正对东南18度，她庄严而又慈祥地望着浩瀚的狮子洋，望着珠三角大地，日夜佑护着这方土地和百姓风调雨顺、国泰民安。

莲花山旧称"石砺冈"。据科学考证，建于2100多年前的南越王墓，墓穴所采用的12种石料中，有8种来自莲花山。

燕子岩是整个古采石场遗址的精华所在，每逢清晨或傍晚，成群结队的燕子在悬崖峭壁间游弋盘旋，在高逾百尺的石缝间筑巢搭臼，燕子岩因此而得名。景区内峭壁嵯峨，巨石横空，气势逼人。从崖下的小径向上仰望，四面崖壁连环对峙，奇峰突屹，广阔的天空被缩成一方天井，巍峨巨石好像随时都会崩塌下坠，令人目眩神摇，胆战心惊。

沿燕子岩下的小径拾级而上，沿途可以目睹许多奇形怪状的巨石，有的断面平整，像刀削斧砍而成；有的石壁深陷，像巨大的神龛；有些屹立于水中，直指蓝天，仿如擎天一柱。但大家要记

莲花山古采石场

得，这些并非大自然的杰作，而是千百年来古代石匠用斧凿劈成的，是中华民族勤劳智慧的结晶。古代石匠们使用的工具虽然十分简陋粗笨，但他们非常聪明而且经验丰富：根据石头的纹理走向，在岩石上打三个石眼，顺次轮流敲凿，石块就会沿纹理轰然断开。千百年过去了，石壁上的纹理依然清晰可辨，风化程度极低，可见红砂岩石的坚硬程度。

穿过燕子岩来到百福廊，放眼望去，一堵石壁迎面而立，在石壁上刻有100个神形各异的"福"字，有篆体，有魏碑……从中可以领略中国汉字的博大精深。游人纷纷到此祈福，希望好运常伴左右。

飞鹰崖必须穿过人工开凿的飞鹰隧道才可到访。在飞鹰崖高逾百尺的岭南亭上凭栏远望，只见阡陌纵横，良田万顷，浩渺珠江蜿蜒东流，南国风光尽收眼底。向下俯视，一支支直指云天的石柱、石笋和巍然而立的石屏风展现眼前，真乃一幅精妙的水乡山水画卷。

漫步古采石场当中，眼前石壁钎痕累累，凿痕斑斑，耳畔仿佛响起叮叮当当的斧凿锤砸之声，南粤2000多年的历史呼之欲出，先辈们的辛勤劳作，创造了美景，也创造了历史。

⊙ 莲峰观海——见证辉煌也铭记屈辱

莲花塔矗立在莲花山主峰之巅，始建于明朝万历四十年（1612），已有400多年的历史。1981年，港澳同胞何贤、何添兄弟捐资重修。现塔为楼阁式砖塔，平面呈八角形，外观9层，内为11层，塔内设有螺旋式楼梯，可以直达塔顶。在塔的各层有大小不一的门洞，造型各异。塔高50米，是莲花山的最高点。在塔顶举目远眺，虎门水道烟波浩渺、羊城琼楼玉宇直插蓝天，黄埔新港云樯林立，珠江风物尽收眼底。自古以来，从零丁洋进出珠江的船只，皆以莲花塔为进出广州的标志，故莲花塔有"省会华表"的美誉。

登上莲花山飞鹰崖顶峰的观景亭，便可俯瞰珠江航道，莲花山与珠江的美景尽收眼底，仿佛打开一张风景画卷：壮丽浩瀚的珠江如同玉带缓缓流过，珠江上百舸争流，生机勃勃；观音像奇丽壮观，是目前世界上最高的露天观音像，是中国人民留给世界的艺术瑰宝。这就是著名的"羊城新八景"之一的"莲峰观海"。

莲花山第二峰顶上的莲花古城，位于莲花山上莲花塔北部，是历史上的军事要地，有"广东长城"之称。莲花城建于清康熙三年（1664），是为防范明末遗臣郑成功进攻东南沿海而作哨所之用。鸦片战争时民族英雄林则徐曾在此驻防，设立了防止英军入侵的第二道防线。后林则徐被贬，投降派琦善在莲花城内与英国代表义律签订了不平等的《穿鼻条约》。历经历史风云的莲花城见证了中华民族抗击外寇的决心，同时也铭记了封建统治者的懦弱与中华民族经历的屈辱。

每年春节前后，是莲花山上一年一度传统的桃花节。莲花山观音圣境与莲花塔下桃花源里的千树桃花竞相怒放，夭桃灼灼，如云似霞。莲花节也是莲花山重要的传统节日，其规模盛大，数百个品种的千万朵莲花亭亭玉立，幽香怡人。

莲花山风景美不胜收，亲自领略这"岭南一秀"的瑰丽山川，聆听观音圣山上传出的梵音，感受桃花节与莲花节的吉祥与热闹，实为人生一大乐事。

A B

A 莲花塔
B 莲花古城

CHAPTER 04

革命风物

风云激荡南国的艰困历史见证

清朝末年，清廷腐败，列强侵略，鸦片泛滥，天灾频繁，民不聊生。中华民族从一个泱泱帝国开始向亡国的危险境地一步步迈进。林则徐在虎门海滩的销烟行动，虽沉重打击了外国侵略者的气焰，向全世界表明了中国人民反抗外国侵略的坚强意志。但作为鸦片战争爆发地的广东，比其他省区更早地陷入了半殖民地半封建的深渊。因而，在位居南国的广东，保留了众多见证中国反帝反封建的民主革命旧址和遗迹。

这里既有见证鸦片战争爆发的虎门销烟池与旧日炮台，也有见证广州作为近代革命策源地的黄花岗七十二烈士墓；既有见证新民主主义革命初期第一次国共合作实现的黄埔军校和农民运动讲习所旧址，也有我国第一个红色县政权海陆丰工农兵苏维埃政府的创建地——海丰红宫。此外，还有见证中国革命先行者孙中山先生在广东进行革命活动的大元帅府旧址、孙中山故居及中山纪念堂等。

虎门销烟
触摸那段沉重历史

:: 虎门镇位于珠江口北岸，是明清时期的海防重镇。屈辱的鸦片战争已经离我们远去，而当年林则徐在虎门海滩销毁鸦片的场景却在我们脑海中挥之不去，林则徐虎门销烟的壮举，在中国历史上写下了光辉的一页。那雄踞珠江口的虎门炮台，以及一尊尊古迹斑斑的古炮，至今仍默默向人们诉说着鸦片战争期间中华民族抗击英国侵略者的那段沉重悲壮的历史。

⊙ 虎门销烟池遗址

虎门销烟池遗址位于今广东省东莞市虎门镇，南临珠江，北靠牛背山，西为镇口关隘。1839年6月3日，震惊中外的虎门销烟事件就发生在这里。

18世纪末到19世纪中叶，中国处于清王朝统治末期，政治日趋腐败，经济逐渐衰落。与此同时，西方资本主义国家却凭借着工业革命迅速崛起。为掠夺中国资源，倾销廉价工业品，打开中国市场，他们开始向中国输送鸦片。大量鸦片的输入，不但严重摧残了中国人民的身心健康，更使得白银大量外流，国家变得愈益贫穷。1838年，清道光皇帝批准林则徐的禁烟奏折，特命林则徐为钦差大臣赴广东查办鸦片贸易及非法经营活动。1839年，林则徐到达广州后开始收缴鸦片，历时34天，共收缴鸦片19187箱和

2119袋，总重2376254斤。1839年6月3日，林则徐下令在虎门海滩当众销毁这些鸦片。当天，虎门海滩被从各地赶来观看销烟的人们围得水泄不通。海滩高处筑了两个大池子，长宽各46.5米，池底平铺石板，四周栏桩钉板，池旁开一涵洞，池后通一水沟。销毁鸦片烟时，先将池内蓄水，撒盐成浓盐卤水，将鸦片分批投入池内，用浓卤水溶化。然后再投入生石灰搅拌，石灰遇水马上引起反应，爆炸开来，使鸦片分解销蚀。最后把这些混合废品残渣用江水冲走，涓滴不留。经过23天，近两万箱鸦片终于销毁殆尽。这一壮举，沉重打击了外国侵略者的嚣张气焰，向全世界表明了中国人是不可欺侮的。

　　虎门销烟后，经过100多年的泥沙淤塞，销烟池已从人们的视野中消失。现有的销烟池是1973年经考古发掘复原的。销烟池旁立有"鸦片战争虎门人民抗英纪念碑"一座。当时销烟池中的池板、木桩等遗物现陈列在池旁的鸦片战争博物馆里。

▶ 虎门炮台

　　虎门炮台位于广东省东莞市（部分位于广州市番禺区、南沙区）境内的珠江入海口虎门。虎门炮台的旧址分布于珠

林则徐画像

林则徐（1785～1850），福建省侯官（今福州市区）人，清末政治家、思想家和诗人。因其主张严禁鸦片、抵抗西方列强的侵略，被誉为"民族英雄"。

虎门销烟池旧址

位于东莞市虎门镇镇口村南面虎门林则徐纪念馆馆区内。共有2个池，每个纵横近50米。为全国重点文物保护单位。

江两岸的大角山、武山和大虎山等地，最早建于清康熙五十六年(1717)，后来陆续用砖、石等材料增建炮台设施，如城垛、炮洞、兵房、火药局等。与虎门销烟池相距10千米的虎门沙角炮台又叫虎门要塞，北通黄埔，正好是珠江出海穿鼻洋的咽喉处，形势十分险要。鸦片战争前夕为防备英军侵略，林则徐和关天培等官员将虎门的11座炮台分为三重门户设置：第一门户为沙角、大角炮台；第二门户是南山、威远、靖远、横档、永安、巩固炮台；第三门户是大虎炮台。左右两翼又设有新涌、蕉门炮台，约有300多门铁炮。第一次鸦片战争期间，虎门炮台发挥了重要作用，多次击退英军进攻。如今，虎门要塞仍保留沙角炮台和威远炮台，游人来到这里，可以参观火炮，缅怀历史。

来到销烟池和虎门炮台，可触摸近代中国那段沉重的历史。虎门销烟后，林则徐与关天培开始在东莞县虎门要塞积极布防，但腐败的清政府反倒听信谗言，将林则徐革职查办。1841年1月7日，英军突然袭击虎门要塞第一重门户——珠江口大角、沙角炮台，守将陈连升等英勇牺牲。虎门白草山西麓沙角炮台后方的"节兵义坟"，就是埋葬陈连升和75具阵亡士兵遗骸的墓地。清政府无能，主张投降的清朝大臣琦善私下向英军求降，答应英国提出的割让香港、开放广州、赔偿英军大烟损失等条件。道光帝感到割地赔款严重损害清朝声威，遂下令对英宣战。英军派18艘军舰进攻虎门炮台，关天培身先士卒，多次击退英军，但终因寡不敌众，与部众400余人全部壮烈牺牲。如今虎门炮台上的"义勇之冢"，埋葬的就是当时抗击英军战死的部分士兵。尽管道光年间清政

府重修虎门炮台，但第二次鸦片战争期间，虎门炮台又被英、法军队捣毁，到了光绪年间被再次重修。

⊙ 鸦片战争博物馆

鸦片战争博物馆始建于1957年，是纪念性和遗址性相结合的专题博物馆。馆舍仿古炮台的立面设计，雄伟庄严。展馆分4层，建筑面积达2500平方米。博物馆运用了141件实物、130幅历史照片、19个图表以及12幅大型油画和3个大型场景，生动形象地再现了150多年前震惊中外的鸦片战争场景。

屈辱的鸦片战争离我们渐渐远去，但历史永远不会被中华子孙遗忘，当年林则徐在虎门海滩上销烟的画面依然鲜活。林则徐的销烟壮举，不但拉开了中国人民抗击帝国主义侵略的历史大幕，也奏响了一曲壮怀激烈的爱国旋律，充分展示了中华民族不畏强暴、自尊、自爱、自立、自强的民族气节。参观销烟池和虎门炮台，了解那段沉重的历史，相信每一个中华儿女会更深刻体会到那个时代的悲愤与激昂，也更加明白今天身上肩负的使命与责任。

A 虎门炮台
B 鸦片战争博物馆
C 虎门人民抗英群像

黄花岗七十二烈士墓

黄花浩气永存人间

:: 烈士的鲜血染红了大地，熊熊的烈火吞噬了革命者的生命，一代又一代的革命先烈用鲜血和生命为我们换来了今天的幸福。苍松翠柏之中，庄严肃穆的黄花岗七十二烈士墓，静静矗立在如今的广州市东北郊越秀区。在那个统治黑暗、风雨飘摇的时代里，先烈们以悲壮的事迹，默默地诉说着那一段沉重却又催人振奋的历史。

⊙ 壮怀激烈的黄花岗起义

甲午战争之后，帝国主义掀起了瓜分中国的狂潮，中华民族面临着亡国灭种的危机。为了挽救民族危亡，以孙中山为代表的资产阶级革命派登上了历史舞台。1905年8月，中国有史以来的第一个资产阶级政党——中国同盟会成立。在同盟会的领导下，资产阶级革命党人发动了一次又一次以推翻腐朽的清朝封建统治、建立资产阶级共和国为目的的武装起义，1911年4月27日爆发的黄花岗起义就是其中的一次。

1910年11月，孙中山在马来亚槟榔屿召开秘密会议，会议决定再发动一次大规模的广州起义。同盟会吸取历次起义失败的教训，在起义前进行了认真细致的准备，筹款购械、组织联络都有专人负责。1911年1月，同盟会在香港成立统筹部，具体领导这次起义。统筹部成立后，各课分别派人进入广州开始活动。4月27日，黄兴带领"先锋"120余人，直扑两广总督署。在与清军激战一昼夜后，终因伤亡过大，寡不敌众而退却。这次起义，除黄兴一部及顺德会党按期发难外，其余各路均未行动。这样，起义成为黄兴一路的孤军作战。起义失败后，当时还没有暴露身份的同盟会志士潘达微先生，以《平民报》记者的身份，冒着生命危险，将收殓到的72具烈士遗骸安葬于广州东郊红花岗。潘达微先生非常欣赏"菊残犹有傲霜枝"这句话，于是将红花岗改名为"黄花岗"，以菊花的节烈坚贞，来象征烈士们在斗争中展示的如同菊花一般凌霜盛开、西风不落的铮铮傲骨。这72位烈士史称"黄花岗七十二烈士"，这次起义因而也称为"黄花岗起义"。

黄花岗起义是近代历史上一次具有较全面意义的资产阶级民主革命。它虽然失败了，但这次起义解放了人们的思想，促进了民主革命精神的进一步高涨。资产阶级革命党人用生命和鲜血献身革命的伟大精神震动了全国，也震惊了世界。起义在一定程度上打击了清朝统治，为后来武昌起义一举成功准备了条件。

▶ 庄严肃穆的七十二烈士墓

黄花岗七十二烈士墓，又叫黄花岗公园，是为纪念在黄花岗起义中牺牲的烈士而修建的。黄花岗烈士墓园最初只是黄土一抔的墓地，四顾茫茫，极为荒凉。1918年，滇军师长方声涛募款修建墓地，直到1921年，烈士墓、纪功坊和默池才先后落成。

烈士墓园以自然山林与名胜古迹为依托，占地16万平方米，规模宏大，气势雄伟。沿路苍松翠柏傲然排列于层级主干道两旁，如同先烈们傲然不屈的伟岸身姿。微风拂过，每位经过这里的人都会被这种肃穆的氛围所感染，心情庄严而凝重。

沿着主干道直走，就会见到高约13米的巍峨的墓坊，其上镌有孙中山先生亲笔题写的"浩气长存"四个遒劲大字，字字深刻隽永。

烈士墓园庄重肃穆。经过长约200

绿树成荫、鲜花簇拥的墓道

米的宽敞开阔的墓道，可见岗陵之上、墓台中央的烈士墓。以麻石砌成方形墓基，四周绕以铁链栏杆，上有四柱方形钟顶碑亭，竖"七十二烈士之墓"石碑一方。

纪功坊默默伫立在烈士墓之后，宁静而庄严。纪功坊由72块青石叠成崇山形，来象征72位烈士。青石上刻有捐献建设墓园的国民党海外各地支部和个人

🅐 墓台中央的烈士墓
🅑 自由女神像和"献石"

的名字，因此也叫"献石"。在那个时代，各行各业的仁人志士抱着自由与和平的梦想，以自己的方式告诉民众，英雄的鲜血没有白流，无数的人支持着革命！献石堆顶上屹立着自由女神像，自由女神是当时建设自由平等国家的革命思想的象征，极富时代特色。

继续向前走，会经过瞻仰和拜祭先烈的必经之处——默池。来到这里，在斜坡的作用下走上拱桥，人会不由自主地低下头，如同低头默默感怀先烈精神。在这种郑重、肃穆的氛围下，会不由自主被先烈们崇高、忠诚和无私的精神所感染。

▶ 黄花浩气永存人间

在墓园当中，可以挖掘、追忆鲜活的历史事迹，在心灵与心灵的交流、灵魂与灵魂的碰撞中激荡出爱国的层层浪花。七十二烈士墓园将当时的历史内容表现得浑厚、凝重而恢宏，墓园主题突出，层次鲜明，各种雕塑栩栩如生。漫步在墓园当中，还可以见到高高伫立的龙柱，建筑大师以石破天惊的艺术手法，雕塑了形神兼备、象征中华民族的民族精神和民族气魄的龙。墓园当中还有供游客缅怀死难先烈的碑廊、潘达微

先生的陵墓，以及陵园初建时，孙中山亲手植下的松树，目前四棵松树仅余一棵。

烈士的事迹鼓舞了一代又一代中华儿女。事实上，直到1922年，72位烈士的姓名才完全查出，被刻录在黄花岗上。虽然这72位烈士并不是参加起义牺牲的烈士的全部，但他们的事迹却极大地鼓舞了人民的斗志，成为辛亥革命的前奏。黄兴更是亲自撰写挽联，用"碧血黄花"来代指烈士的鲜血化为碧玉，革命精神犹如不畏寒霜的秋菊。这片热土也因蕴含着深厚的革命文化气息，先后锻造了一批又一批同情人类苦难的仁人志士，为推动社会进步而奋斗终生。无论是满腔热血为国的留学青年，还是志愿为革命事业奉献全部的爱国华侨；无论是数次参加起义的新军军人，还是从事革命新闻宣传的记者，"皆以诸先烈之牺牲精神"，义无反顾地加入到挽救祖国命运的伟大事业之中。

七十二烈士墓园，松柏环抱，绿荫满园，安静庄严。如今，当走进烈士墓园时，依然能够被这段厚重的历史所感染，将这段充满血与火的历史深深铭记。深深呼吸，就能用心体悟到在那个时代，无数志士为了革命和真理而抛头颅、洒热血的浩然正气！静静走过，会不敢大声喧哗，唯恐惊扰了沉睡在此的先烈们的英魂。静静思索，人生几十年弹指一挥间，不及先烈们短暂生命在历史黑夜中划出的绚烂火花！七十二烈士墓园，黄花浩气永存人间！

广州大元帅府旧址

✈ **Guangdong**

革命决策的诞生地

:: 广州大元帅府旧址位于广州市海珠区纺织路东沙街18号，最初是广东士敏土（水泥）厂办公楼，兴建于1907年，因1917年和1923年孙中山两次在这里组建政府而得名。整个建筑群为黄色色调，从江湾大桥南端一眼就可看见。大元帅府曾伴随孙中山先生度过了一段光辉岁月，他的许多重大决定都是在这里做出的。

1917年，孙中山被选为中华民国军政府海陆军大元帅，领导护法运动，与北洋军阀进行斗争。孙中山借用了广东士敏土厂一部分地方，设立了大元帅府，并下设财政、外交、内务、海军、陆军、交通六部。但是因为受到桂系军阀和政学系反动官僚政客的排挤，孙中山被迫于1918年5月离职，经过汕头，转道日本去上海，护法运动失败。

1920年，盘踞在广州的桂系、滇系军阀被粤系军事将领陈炯明击败后，孙中山重新回到了广州，第二次组织政府。1923年3月，他在广州农林实验场成立陆海军大元帅大本营，4月1日回迁到大元帅府旧址重开大元帅府，设四部三局三处，巩固了广东革命根据地。在此期间，孙中山的思想和政策发生了重大转变，他创立了广东大学（即

中山大学的前身）和黄埔"陆军军官学校"（简称"黄埔军校"）。之后，他组建了北伐军，平定商团叛乱，改组国民党，促成了国共的第一次合作。1924年11月孙中山应邀北上商谈国是，于次年3月12日在北京病逝。1925年7月1日，中华民国国民政府在广州正式成立，大本营完成了它的历史使命。

孙中山逝世后，大元帅府旧址被改建为国父文化教育馆两广分馆、国父纪念馆等。1949年广州解放后，这里先后曾作为驻地部队和省有关部门的办公用房，1964～1998年成为广东省农业机械供应公司办公、居住用房。1996年11月，孙中山大元帅府旧址被公布为"全国重点文物保护单位"。1998年10月，大元帅府旧址被移交给广州市文物管理部门，筹建孙中山大元帅府纪念馆。

如今，大元帅府面向珠江，大元帅府前的广场上竖立着孙中山身穿戎装的雕像，这座雕像是在纪念辛亥革命100周年时建成的。雕像栩栩如生，英气逼人。

现存的南北两座主体大楼，是典型的"殖民地外廊式"建筑，它们既有浓郁的欧式建筑风情，同时又融合了岭南建筑的艺术风格。比如别具特色的竹节式排水管、百叶门窗、花瓶式护栏等，处处显示了设计的精巧细致，体现了中西合璧的建筑特色，具有较高的艺术欣赏价值和学术研究价值。这两栋楼的建筑主体为砖、木、石、钢、混凝土混合结构，虽经百年的沧桑，但依然保存较好。

北楼共有三层，四周设有回廊，简欧风格，从北楼可以远眺珠江。北楼展厅主要展出孙中山三次在广州建立政权的细节。1917年至1925年间，为了维护共和体制，恢复《中华民国临时约法》，实现南北统一，孙中山曾经三次在广州建立革命政权：1917年被选为海陆军大元帅，成立中华民国军政府；1921年当选为非常大总统，成立中华民国政府；1923年重建陆海军大元帅大本营，这成为孙中山革命生涯的顶峰。每一个参观展览的人，都会深深沉浸在那个激荡的岁月里，从而激发自己爱国爱乡的豪情，珍惜现在来之不易的生活，努力创造更加璀璨的明天。

南楼设《帅府百年》复原陈列，各房间按陆海军大元帅大本营时期布置。一楼有卫士队宿舍、武器库、医官室等。二楼有秘书处，杨庶堪、廖仲恺、谭延闿三人先后在此担任大元帅府秘书长。二楼还有总参议室、参谋处等，蒋介石、张开儒、李烈钧先后担任大元帅府参谋长。南楼三楼为孙中山、宋庆龄伉俪当时的主要活动区域，包括孙中山先生的办公室、大元帅府会议室、孙宋卧室、餐厅、盥洗室、无线电报室和宋美龄曾经住过的小客房。大元帅府的布局一如当年，孙中山先生在这里做出了许多重大决策。

广州大元帅府是近代中国发展史上不可或缺的一部分，在广州这片到处散落着古老历史印记的土地上，显现着近代中国发展的足迹。

孙中山故居

翠亨灵秀毓伟人，一椽得所传世代

Guangdong

:: 孙中山故居位于广东省中山市翠亨村，是以孙中山故居建筑为主体而建立的，兼具纪念馆、中山市民俗博物馆和中山市孙中山研究所功能。孙中山故居纪念馆成立于1956年11月，占地面积约14万平方米，是国家一级博物馆、国家4A级旅游景区。

　　孙中山故居共分四大展示区，包括孙中山纪念展示区、翠亨民居展示区、翠亨农业展示区以及杨殷、陆皓东纪念展示区等，以"孙中山及其成长的社会环境"为主题，兼具历史性、民俗性，是物质文化遗产与非物质文化遗产相结合综合性纪念展示区。

　　孙中山纪念展示区主要由孙中山故居

纪念馆和孙中山在翠亨村的部分相关历史遗迹构成。翠亨民居展示区则以孙中山故居周围复原和仿建的清末民初翠亨村民居为主，立体、深入地展示了翠亨村当年社会各阶层家庭的生活状况，以及这位伟大人物成长初期的历史环境。杨殷、陆皓东同为翠亨村人，是孙中山领导的革命运动的重要追随者，杨殷、陆皓东纪念展示区内包括两人的故居以及纪念展馆等。

孙中山故居位于翠亨村西南角，1892年3月由孙中山亲自设计并主持建造。据历史学家考究，当时翠亨村全村的住宅都是坐西朝东，背山朝海，唯独孙中山故居坐东朝西，背海朝山，与其他民宅相反，这恰恰反映了孙中山敢于创新的魄力。

故居占地约500平方米，其中建筑面积约340平方米，外有围墙环绕着庭院。庭院正门朝西开，门外南侧立有"全国重点文物保护单位"和"孙中山故居"的石刻碑匾。

孙中山故居主体建筑坐东朝西，为一座融合了中、西建筑特点的赭红色二层小楼。楼房砖木结构，正面上下两层各有7个圆拱装饰的骑廊。外墙全部在玻璃窗外加了一层木制百叶窗，既可遮挡雨水、阳光，又可通风透气。楼房内部设计采用中国传统的建筑形式。首层居中是客厅，后面是孙中山母亲的卧室。左右分两个耳房，分别是孙中山和其大哥孙眉的房间。二楼中间与首层客厅顶部贯通，两侧分别是孙中山的书房和客房。故居室内陈设保持着1892～1895年间孙中山先生经常返乡居住时的景貌。故居正门右侧墙上挂有宋庆龄手书的"孙中山故居"木刻牌匾。门框左右两侧墙壁上有孙中山亲笔撰写的对联："一椽得所，五桂安居。"

1892年楼房建成后，在门前夯筑围墙，形成了一个长方形小院。院子北部原有一间平房，是孙中山先生诞生的地方，后来被拆掉建了一口水井。院子南边栽种有一株茁壮茂盛的酸子树，是孙中山1883年从美国檀香山归国时带回来栽种的。

故居周围还有孙中山青少年时活动过的遗迹，他经常在山腰古井挑水回家，也常在山下兰溪的溪水间捉鱼游泳。

孙中山先生最后一次在故居小住是1912年5月。1934年，孙中山先生的亲属把这所房子交付给当时的国民政府管理。1938～1955年，孙中山的姐姐孙妙茜曾断续在此居住并负责管理。新中国成立后，政府先后两次对故居进行了较大规模的维修，并于1956年设立了中山故居纪念馆，修成了陈列室，系统地向人们介绍孙中山先生伟大、光辉的一生。

孙中山先生是站在时代前列的伟大人物，他的影响已经远远超越了时间与空间的限制，他的光辉业绩和伟大思想深深感染了一代又一代人，是中华民族以及全人类的宝贵财富。孙中山故居纪念馆大力弘扬孙中山的伟大精神和高尚人格，以及不屈不挠的革命意志。党和国家多位领导人曾先后到孙中山故居纪念馆参观，并给予高度评价。

正门对联

BEAUTIFUL CHINA

中山纪念堂
富于民族特色的宫殿式纪念性建筑

✈ **Guangdong**

:: 中山纪念堂位于广州市越秀区东风中路359号，是为纪念"国父"孙中山先生而修建的，采用著名建筑师吕彦直的设计方案，是吕彦直将西方先进的建筑技术和传统的中国建筑形式完美地结合为一体的又一杰作。纪念堂坐北朝南，北靠越秀山，南面正对广州市人民政府，是广州市的标志性建筑之一。民国年间宣传九广铁路的海报上，就印有纪念堂的建筑形象。1949年广东省银行发行的钞票上，也印有纪念堂的图案。

　　1925年3月12日孙中山先生逝世后，广东各界人士为纪念元勋，计划筹款建设一座规模宏大的中山纪念堂及图书馆，"以伟大之建筑，作永久之纪念"。当时由代行大元帅职权的胡汉民为首的"哀典筹备会"牵头，提议将地址选在广州市电话局，后来社会各界展开讨论之后，将选址地点改在了"旧总统府"。旧总统府是1921年孙中山任职中华民国政府非常大总统时，广州中华民国政府的所在地，在清朝时曾是督练公所，颇具纪念意义。

　　中山纪念堂建筑群位于广州越秀山南麓，1928年3月开工建造，1931年10月落成。主要建筑基本沿中轴序列，依次为门亭、孙中山铜像、纪念堂、纪念碑；轴线两侧分别

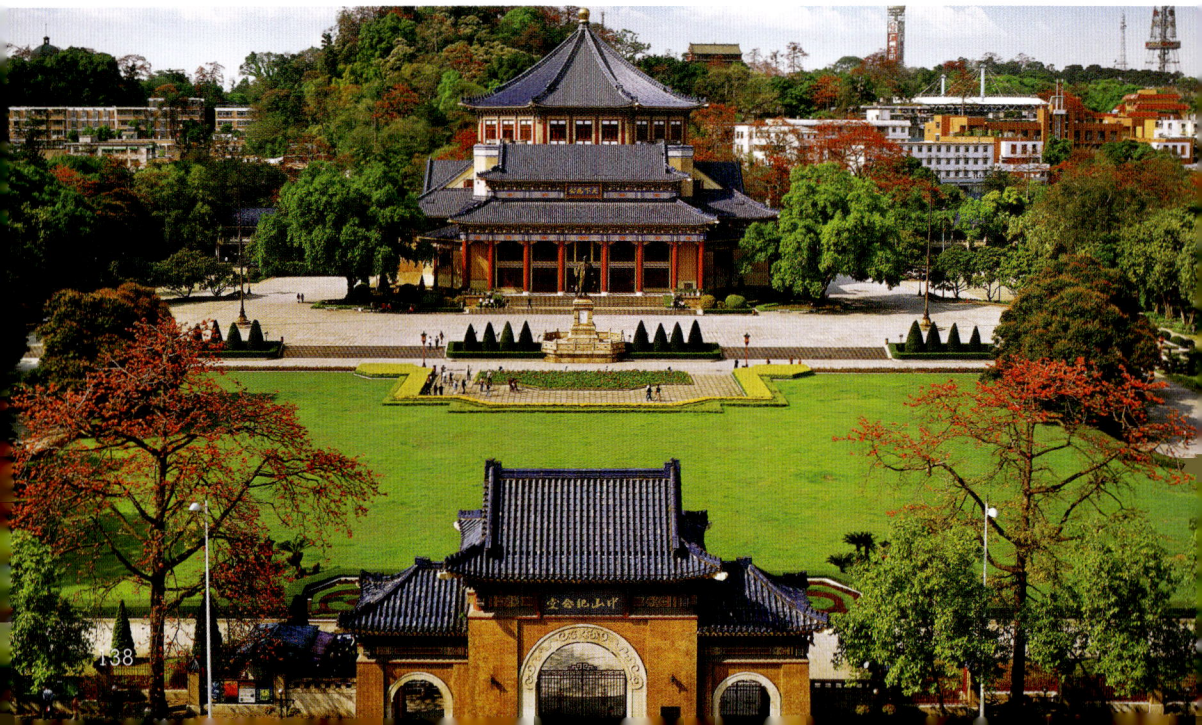

有华表、孙中山纪念馆、管理用房等附属建筑。

纪念堂与孙中山先生铜像

⊙ 门亭

门亭为单檐歇山式，三间开，中间一间高大，两侧较低。单檐庑殿顶，覆蓝色琉璃瓦。钢筋混凝土屋顶檐口做出方椽、飞子等，竭力模拟木结构建筑，遍施彩绘。正面有三个壶门门券石，中间的门券石有雕饰，以区别等级。浅白色石质须弥座，均有雕饰。土黄色砖砌墙体。整个门亭建筑，不仅将传统碑亭一开间设计成三开间，其色彩相对其他陵门、碑亭也要丰富得多。

⊙ 孙中山铜像

孙中山铜像位于中山纪念堂前，是1956年由著名雕塑家尹积昌等人创作的，所塑的是孙中山先生在中山大学演讲时的造型，铜像的白色花岗岩基座上刻的是孙

中山所著的《建国大纲》内容。原来的塑像是水泥喷铜，1998年中山纪念堂大维修时用全铜质重塑。铜像高5.5米，总重为3.9吨。

⊙ 纪念堂

纪念堂为主体建筑，坐北朝南，为一座八角形宫殿式建筑，占地3836平方米，地下一层，一层平面南北纵深71米、东西宽约65米，总面积6595.14平方米。

纪念堂上部为单檐八角攒尖屋顶，檐口做出方椽、飞子等，遍施彩绘；下部在正东、南、西、北四个方向出抱厦，抱厦为重檐卷棚歇山顶，上、下檐均做出方椽、飞子等，所有构建均布满彩绘。大堂正面檐悬挂着孙中山先生手书的"天下为公"金字匾。蓝色琉璃瓦顶，土黄色砖砌墙身，大红立柱，红色格子门窗，浅白色须弥基座，青绿彩画等，飞檐翘角、雕梁

画栋。整座建筑装饰堂皇富丽，富有浓郁的民族风格和中国传统建筑的艺术特色，是中国传统建筑的经典之作。

中山纪念堂内的建筑有四个突出的特点：

首先，整座建筑物由钢筋混凝土构成。堂顶为玻璃镶嵌的圆形大吊顶，跨度近50米的钢结构屋顶，为近代中国公共建筑之最，规模恢弘。堂内首层地面至八角形穹顶最高点47米，南北各宽71米。堂内分楼上楼下两层。大堂内有8座楼梯、11个门口，可供5000名观众上下和进出。

其次，大堂内看不到一根支撑柱。礼堂内支撑屋顶的8根八角形柱子被巧妙地藏在周围的内墙中，进到堂内的观众从外表上看不到柱子。

第三，顶盖以桁架为骨干，分三层砌成，最下层是云纹色彩的斜形方格，中层镶嵌有玻璃天窗，最上层是一个乳黄色的弧形圆顶。光线可通过大面积的嵌花玻璃射入堂内，使偌大的会堂，白天不用亮灯也可见物，采光极佳。

第四，由于钢桁架的跨度很大，构成的空间也非常大，人们坐在堂内的每一个座位上，都不会被柱子挡住视线。而且，堂内没有回音，即使坐满观众，在堂中的任何一个座位，都可清晰地听到舞台上的音响。

⊙ 纪念碑

纪念碑位于纪念堂后越秀公园内近越秀山顶处，原址为观音庙。1929年拆庙建碑，通过498级石梯（俗称"百岁梯"）与南侧山脚下的中山纪念堂连成一体。花岗石碑身方形，曲线形内收，高37米，尖顶，正面镌刻孙中山先生遗嘱全文。碑身内部有13层梯级回旋而上，直至顶端观景平台，透窗可眺羊城秀色。

⊙ 附属建筑

　　云鹤华表位于纪念堂南门大草坪的东、西两侧，因柱头雕刻着云鹤图案而得名。此外，纪念堂中轴线两侧还有孙中山纪念馆、管理用房等附属建筑。

　　中山纪念堂已经成为广州市重要集会和文艺演出的场所。到中山纪念堂，不仅可以感受那个血与火的年代的气息，欣赏精妙绝伦的建筑设计，还能了解广州当地的特色文化风情。中山纪念堂是人们到了广州的必来之地。孙中山先生虽然已经离我们而去，但他"振兴中华"的声音依旧在神州大地上回荡，并永远铭刻在世界中华儿女的心中！

Ⓐ 中山纪念堂内部全景
Ⓑ 孙中山纪念碑

BEAUTIFUL CHINA

黄埔军校
革命者来，将帅摇篮

✈ **Guangdong**

:: 黄埔军校成立于1924年，全名叫"中国国民党陆军军官学校"，是中国国民党为国民革命训练军官而成立的。黄埔军校是近代中国最为著名的一所军事学校，在国民政府北伐战争中，它培养的军官成为统一中国的主要军力。在抗日战争和国共内战中，许多著名的指挥官都出自黄埔军校。军校在广州市黄埔区长洲岛共办了7期，1930年迁往南京，后来又迁往成都和台湾。

▶ 黄埔军校的历史

　　黄埔军校的创立是顺应历史发展趋势的。1924 年，国共合作，国民革命风起云涌，孙中山先生高瞻远瞩，视"教育为神圣事业，人才为立国大本"，大力发展教育事业。他在广州亲手创办了一文一武两所学堂——国立广东大学（今天的中山大学）和黄埔军校。孙中山先生创立黄埔军校的目的，是希望通过培养军校学生来创建革命军，进而挽救中国的危亡。"亲爱精诚"是黄埔军校校训，军事与政治并重，理论

与实践结合。为了武装推翻帝国主义和封建军阀在中国的统治，完成国民大革命，黄埔军校培养了大批人才，他们为国家与民族独立立下了赫赫战功，为中国革命做出了重要贡献。在第一次国共合作时期，积极开展孙中山提出的三民主义思想教育外，还向学员介绍马克思列宁主义的思想。

军校有三位最高领导人，他们是校总理孙中山、校长蒋介石和党代表廖仲恺。自1924年在广州创办到1949年底迁往台湾高雄凤山，黄埔军校在大陆共办了23期，在台续办至今已78期。在大陆办学期间，共培养32万各级军官，这些人中的多数形成了国民党中央军的骨干——"黄埔系"。革命家宋绮云、抗日女英雄赵一曼、文学家谢冰莹，都是1927年黄埔军校武汉分校毕业的。黄埔军校名将辈出，战功显赫，名扬中外，

孙中山出席黄埔军校开学典礼

1924年6月16日，黄埔军校举行开学典礼。孙中山率国民党党政军要员出席黄埔军校开学典礼，在典礼上留影。

影响深远，在中国近现代史上占有重要地位。

⊙ 黄埔军校旧址现貌

抗日战争时期，黄埔军校旧址曾被炸毁。1964年做了一次较大的修缮，1984年建立黄埔军校旧址纪念馆。现在的黄埔军校，存有军校正门、校本部、孙总理纪念碑、中山故居、俱乐部、东征烈士墓、北伐纪念碑等十几处建筑。

黄埔军校大门风格非常朴实，中央上方横匾上"陆军军官学校"几个大字，是谭延闿所书。校门二门门口挂着一副对联："杀尽敌人方罢手，完成革命始回头。"二门右侧墙壁上，挂着蒋介石手书的"亲爱精诚"校训。军校大门彩楼两旁原挂有一副对联："升官发财，请往他处；贪生怕死，勿入斯门。"横额为"革命者来"。孙中山逝世后，改为总理遗嘱中的"革命尚未成功，同志仍须努力"。

　　黄埔军校校本部是一座日字形砖木楼房，共有二层，三路四进，回廊相通。军校创办时在原陆军小学堂祠堂式大门前面增建欧陆式大门。中山故居即"史迹陈列室"，原为清朝广东海关黄埔分关的旧址，称为学海楼。学海楼中陈列有伴随聂荣臻数十年的皮箱、解放军中唯一外籍将军洪水使用过的手纺毛毯、抗日远征军名将郑洞国的私章等珍贵文物及不少校友的捐赠物品。

　　学生俱乐部是欧式红色建筑，位于孙中山故居西侧。俱乐部礼堂讲台中央和两侧分别悬挂孙中山像、总理遗训、国民党党旗、"中华民国国旗"，同时还挂有四幅大型油画：《林则徐焚鸦片》、《义和团抗击八国联军侵犯天津》、《沙基惨案》和《攻打惠州》。廖仲恺、朱执信、史坚如等名人像也悬挂在礼堂中。

　　东征烈士墓园坐落在军校西南的平冈，是1925年广东革命政府为纪念因讨伐陈炯明等叛军而阵亡将士修建的，安葬有国共两党516位烈士遗体。墓园前有一座凯旋门式建筑，它是东征阵亡烈士纪念坊，上面覆有民族特色的琉璃瓦。后来，墓园正门增建东征阵亡烈士纪功坊和码头，有小黄花岗之称。墓的西边是十七将校墓，为一座仿巴黎凯旋门式建筑，上书"东征阵亡烈士纪功坊"。纪功坊的后面是入伍生和学生墓群，东边是一座单人墓——蔡光举烈士墓。

　　北伐纪念碑高约10米，为纪念北伐战争中阵亡的军校生而建立，上书碑文"平冈之石齿齿兮，黄埔之水淙淙；屹丰碑以万世兮，将以垂纪于无穷"。碑的正面刻"国民革命军军官学校学生出

身北伐阵亡纪念碑"，碑座的东、西、北三面刻有北伐阵亡的独立团第一营营长曹渊等353位黄埔军校学生的名字。但由于第一次国共合作的失败，大部分共产党员阵亡者的名字未能刻记。

黄埔军校后山的八卦山顶建有孙中山纪念碑，碑顶塑有孙总理铜像。孙中山纪念碑于1930年落成，碑座高40米，孙中山先生铜像高达2.6米，重逾2000斤，是先生当年的日本好友出资铸造的。纪念碑的造型独具匠心，两边交叉而上的阶梯及铜像，构成"文"字，暗含了"孙文"的意思。碑座正面刻有军校校训"亲爱精诚"四个大字。碑的正面为胡汉民题刻的"孙中山纪念碑"六个隶书大字，背面为总理像，东面为总理遗训，西面为总理开学训词。孙中山铜像身着西服、左手叉腰、右手前伸、面向大众、神采奕奕。在中国，一般的纪念碑多是坐北朝南，但该纪念碑却坐南朝北，隐含着孙中山北定中原、统一中国的遗愿。

黄埔军校是一个具有历史意义的景点。参观这所近代著名的军校，会感受到那段充满着革命激情的历史气息，见证一代代革命前辈的成长轨迹。

A **B**

A 校本部
B 学生宿舍

广州农民运动讲习所旧址 ✈ Guangdong
为革命播撒火种

:: 广州农民运动讲习所位于广州市中山四路42号，全称是"毛泽东同志主办农民运动讲习所旧址"，简称"农讲所"，是第一次国共合作期间，毛泽东任所长的第六届农民运动讲习所所在地。农讲所是一组古色古香的建筑群，原是一座孔庙，始建于明洪武三年（1370），清代为番禺学宫。1961年农讲所被列为全国重点文物保护单位，同时这里也是广州市爱国主义教育基地。

　　第一次国共合作时期，为适应蓬勃发展的农民运动形势，国民党接受中国共产党彭湃等人的提议，决定在广州设立农讲所。农讲所第一、二届在越秀南路"惠州会馆"举办，分别由彭湃、罗绮园担任主任；第三至五届在东皋大道1号（今中山三路永兴街6号）举办，分别由阮啸仙、谭植棠、彭湃担任主任。

　　第六届于1926年5～9月在番禺学宫举办。改主任为所长，毛泽东任所长，萧楚女为专任教员，教员有彭湃、周恩来、恽代英、阮啸仙等。这一届规模最大、学员人数最多，招收了来自当时20个省的学员327人。他们在此学习有关农民运动、军事、政治等课程，进行严格的军事训练，参加革命斗争。学员们毕业后奔赴全国各地，领导农民运动，投身新民主主义革命的伟大实践。农讲所旧址这一古老建筑，也成为具有重大历史意义的革命纪念地。

农讲所旧址是一组坐北朝南、红墙黄瓦的建筑群，东西宽35米，南北长154米，周围建有围墙。从南至北由棂星门、泮池拱桥、大成门、大成殿、崇圣殿等组成，两边有庑廊。大门是由花岗岩雕琢的棂星门。进了大门是前院的泮池，泮池中间架有一座石拱桥，过桥便是九行并排的花岗石板铺成的通道，直通宽敞的大成门。大成门以木板间隔，设有教务部、庶务部和值星室，东西有两耳房，是图书室和所长办公室。过大成门，是一个草木葱郁的大院，院内木棉、菩提、龙眼、九里香等古树挺拔葱郁，宏伟壮观的大成殿屹立在由花岗石砌成的台基上。大成殿在当时被辟为课堂，东西两庑为当年教员和学员宿舍。沿着大成殿两侧的通道向前走去，就到了最后一进崇圣殿，崇圣殿是当时的饭堂，有东西两廊，东间设有军事训练部。

1953年广州市人民政府修复了农讲所旧址，并于同年建立纪念馆，周恩来题写馆名。纪念馆按农讲所原貌建筑维修，复原了课堂、教务部、军事训练部、图书馆、所长办公室、学生宿舍等。农讲所旧址现有固定陈列包括：

崇圣殿

《农讲所旧址复原陈列》、《广州农民运动讲习所陈列》（主要分布在中路的大成门、大成殿、崇圣殿及两庑、两廊）、《孔子与儒学》、《广东各地学宫》（主要分布在东路建筑的明伦堂、光霁堂）等。

作为全国第一批重点文物保护单位和广州市首批爱国主义教育基地，农讲所不仅可以使参观者了解当年学员的学习生活，了解当时如火如荼的革命形势，还给人们提供了接受爱国主义教育的机会。要求进步的农民运动骨干在这里接受了农民运动的新思想、新主张，并将革命的火种带到全国各地。无数农民运动相继开展，为农村包围城市这一革命方针的贯彻实施打下了坚实的基础。农民干部的成长推动了整个革命形势的发展，因而农讲所在中国革命运动中起着非常重要的作用。

海丰红宫

我国第一个苏维埃政权诞生地

✈ Guangdong

:: 海丰县位于广东省东南部，是广东历史文化名城。红宫、红场则是海丰历史文化名城的象征，位于县城中心，总面积24000多平方米。海丰红宫是中国大革命时期，以彭湃同志为首的共产党人领导海丰、陆丰人民建立的第一个苏维埃政权的革命活动场所。后来以红宫、红场为中心形成了海陆丰革命根据地，成为了中国13块革命根据地之一。

红宫原是建于明代的海丰学宫，于明洪武十二年(1379)由海丰知县郑源所建。1912年改为海丰通俗图书馆。1927年，在中共东江特委和彭湃同志的领导下，在"八一"南昌起义部队红二师的帮助下，海丰、陆丰地区的人民继4月和9月两次武装暴动之后，在10月举行第三次武装起义，夺取了政权。1927年11月18日至21日，海丰召开了县工农兵苏维埃代表大会，成立海陆丰苏维埃政府，通过了《没收土地案》等八项政治纲领。当时大会会场四周和街道墙壁都被刷成了红色，会场内墙壁用红布覆盖。由于中国第一个红色政权在此诞生，因此把学宫改称为"红宫"。此后，革命政权的许多重要会议都在这里召开，这里成为了革命的摇篮。

红宫革命遗迹具有典型的中国式建筑风格。红宫现存建筑有棂星门、拱桥泮池、前殿大成殿(又称"文庙")和两厢配殿。红宫门楼为六柱五间牌坊式建筑。大成殿是红宫主体建筑，是当年

红场

工农兵代表大会会址，也是后来苏维埃政府活动地点。它重檐歇山式屋顶，屋内置五柱斗式梁架，有瓜柱、插枋、雀替等装饰其上，墙上照大革命时期原样贴有"打倒军阀"、"工农兵团结起来"、"苏维埃政权万岁"等标语，室内摆着长凳，主席台居上首，上覆红布，都按大革命时期的原貌布置。两厢配殿现保存许多革命文物，里面展出有：彭湃同志的珍贵遗物，1927年缝制的中国共产党党旗、农会旗和工会旗，海丰人民三次起义的土炮、大刀等，宣

传画，1921年出版的《新海丰》、《赤心周刊》），红二军、红四军使用过的武器和物品等。

红宫东侧的红场旧址，原为"东仓埔"，占地22000多平方米。海丰苏维埃政权成立后，彭湃同志号召在此地兴建红场大门和司令台。整个大门上装饰浮凸线花条图案，大门门额上浮塑"红场"两个大字，两边浮塑"铲除封建势力，实行土地革命"的对联，红场中央设有传声台。1927年12月1日在这里召开5万多人参加的大会，庆祝海丰县苏维埃政府成立。红场的旧址现辟为红宫红场旧址纪念馆。红场内建有纪念亭，纪念亭碑名由聂荣臻元帅题写，是纪念1928年1月2日，董朗、颜昌熙等率领的南昌起义部队红二师与叶镛、袁裕、徐向前等率领的广州起义部队红四师在此胜利会师。

红宫、红场的革命史迹与彭湃的革命功绩日月同辉。1986年10月在纪念彭湃烈士诞辰90周年时，红场中心安放彭湃烈士铜像，铜像由著名雕塑家潘鹤先生铸造，由徐向前元帅题字。铜像高3.2米，加上花岗岩垫座，通高5.5米，坐北朝南，气势昂然。

海丰红宫作为爱国主义教育基地，展览馆内现保存的革命文物有600多件。一件件革命历史文物，犹如一篇篇波澜壮阔的革命史章，向人们展现革命先烈抛头颅、洒热血、前赴后继、浴血奋战的光辉事迹，也书写了中国人民不屈不挠、英勇斗争、可歌可泣的革命历史篇章！

真实写照。

除了松，岗在松塘的建筑布局中占有极其重要的位置。"燕子傍岗飞，代代有朝衣。"村中有飞燕之岗，村外三面岗峦环抱，称为"三台献瑞"。三台献瑞是松塘盛景，也是松塘人的精神依托。

松塘村保留至今的泥墙老房，门窗窄小，墙体厚实，外表包砖，叫"金包银"。建造这种墙时，需要用木桩固定两块夹板，然后在夹板里注入红泥、石灰、碎石、盐，由精壮劳力用锤直捣，且需要分四五次才能完成一堵墙的建造，每次只能捣80厘米左右高的墙体，非常费时费工，但这样捣出来的墙，坚实异常。

▶ 广纱甲天下

西樵不仅是风景秀丽、文化底蕴深厚的古镇，自古还为纺织之乡，素有"广纱甲天下"的美誉。广东自古就是国内桑蚕的主要产地之一，西樵纺织业至晚在春秋战国时期即已经兴盛，从珠江三角洲考古情况看，其兴起时间可能更早。唐宋时期，珠江三角洲地区人民就创造了"桑基鱼塘"这种独特的生产形式。西樵山下的桑基鱼塘是珠三角地区保存最好的古桑基鱼塘区。明朝时期，佛山已经成为广东最大的棉纺织业中心，而西樵是佛山重要的棉纺织基地，可以想象当年西樵家家户户织布纺

A **B**

A 松塘古村中的孩子们

B 区氏宗祠

桑基鱼塘

桑基鱼塘是将低洼地挖深变成水塘，挖出的泥堆放在水塘的四周为地基，基上种桑。塘中养鱼，桑叶用来喂蚕，蚕砂用以饲鱼，而鱼塘中的塘泥又取上来作桑树的肥料。桑基鱼塘既能合理利用水利和土地资源，又能合理利用动植物资源，是明清时期中国水乡人民在土地利用方面的一种创造。

纱，一片欣欣向荣的繁忙景象。

1873年，第一个引进外国先进纺织技术的民族企业家陈启沅，在家乡西樵简村堡创建继昌隆缫丝厂，开创了我国机器缫丝的新纪元。之后，由于连年的战争，纺织业一度停滞不前，直到新中国成立后才得到了恢复与发展。20世纪80年代西樵形成"千家厂、千家店、万台机、亿米布"的产销规模。21世纪初，在政府的倡导下，西樵人民用高新技术促进传统产业优化升级，实现了西樵纺织业第二次革命。西樵轻纺城是全国最大的装饰布市场，成功举办了"首届中国西樵国际装饰布艺博览会"，包括法国、意大利等8个国家和地区的多家厂商参展，充分体现了装饰布艺的动态性，赋予了家居装饰品时装化、系列化、个性化的文化内涵，西樵掀起新一轮装饰布发展热潮。

西樵镇不仅有"天下第一"的广纱，还有因风景秀丽而闻名天下的西樵山，更有许多著名历史人物生长于此，比如开创了中国纺织业新纪元的陈启沅；领导了戊戌变法的康有为；中国铁路之父詹天佑；一代武术宗师黄飞鸿；岭南画派的大师黄君璧……他们曾经走过的道路，他们给中国历史留下的印记，成了鼓舞无数后辈人前进的动力；而他们留下的故事，讲述了一个民族自强不息的民族精神。

BEAUTIFUL CHINA

逢简

梦里水乡，清韵犹存

Guangdong

:: 逢简位于佛山市顺德区杏坛镇北端，地处西江下游锦鲤江的江畔，是历史上"桑基鱼塘"的重要基地之一。逢简虽被称为"顺德的周庄"，但是，亲自到过逢简才会知道，逢简较之带有一丝脂粉气的周庄，更有几分素净与清纯。

　　逢简是历经千年的古镇，四面环水，是典型的"小桥流水人家"，清幽，闲适，漫步其间，满眼都是碧波荡漾。逢简以水道为界，河流呈"井"字形自南向北流过，经过逢简，然后汇入西江的支流。河岸两旁，古榕、石榴等林木一字排开，葱郁繁盛。河道的一侧由民居、宗祠等建筑构成。顺河而上，周边桑田鱼塘，阡陌相连，水光潋滟，一派恬淡而迷人的水乡风光。

有水必有桥，逢简为典型的江南水乡的建筑风格，这里有许多大大小小、古风犹存的桥，它们建于不同年代，形态、风格大相迥异。明远桥是逢简最著名的桥之一，也是我国现存文献记录中最早的三孔石桥之一，始建于南宋宝庆年间，红色砂岩结构，桥拱成纵联砌置法，全长25.1米，顶宽4.6米。桥栏石刻有各种装饰图案，桥两边的柱头分别雕有石狮。桥面没有采用阶梯，而是砌成坡形，这是为了方便车马通行。远望明远桥，如同一弯红色的彩练，从水中跨过。金鳌桥建于清康熙年间，是由太子老师刘云汉所建。据说金鳌桥是由康熙授意刘云汉"尔亦可返乡建一桥"后所建，因此取皇宫御花园水池中的"金鳌玉栋"之名。金鳌桥整个桥身都用红色石料砌成，短小精致。最具有观赏价值的当属巨济桥，巨济桥同样初建于南宋宝庆年间，现存为清代三孔花岗岩石桥风格，石栏上的雕花生动逼真。

优美的山水，养育了充满灵秀之气的逢简人。逢简堪称人杰地灵，从这里走出了许多举人、进士，曾有一家出了8个秀才、9个翰林，被传为佳话。得功名的逢简人不忘回家乡盖祖屋、修桥、建祠堂。所以，这里祠堂众多，成为逢简一大景观。

逢简祠堂林立，大都保留着明代的建筑风格。刘、梁、李三族的宗祠，是逢简较具规模与影响的祠堂。刘氏祠堂有逢简"第一祠堂"之称，有600年历史，面积大，气势恢宏，直到现在还隐隐能看到它昔日的风采，以及在过去

明远桥

岁月中经历的辉煌。刘氏祖祠始建于明朝永乐年间，主建筑分为首座、中堂与后座，为三进结构，有"代代高"的寓意，还包含有道家"三生万物"的思想。首座东西设有钟、楼以及乾、坤两门。梁氏祖祠建于清朝光绪年间，是逢简村堂屋保存得最好的宗祠，采用了砖、木、石相结合的工艺，牢固而精细，灰雕造型缤纷，工艺精湛，精美绝伦。该祠前面地势开阔，左侧是巨济桥，右有百年老树，而对岸是康熙御赐的金桂，桂花开时，芬芳馥郁，花香袭人。坐落在逢简的古祠，无论建于哪个朝代，都散发着清新而古朴的气息。

走在逢简窄而悠长的石板路上，目之所及，舟影波光，古风犹存的宅院四处可见，即使是一扇残旧的木门，一个生锈的铁环，都似乎有一段动人的故事，让人感慨，以为自己是在古画中漫步。

赤坎

骑楼摇曳，生生不息

✈ Guangdong

:: 赤坎镇位于广东省开平市，是中国历史文化名镇之一，建于清朝顺治年间，约有350年的历史。赤坎镇水陆交通相当发达，是著名的侨乡。早年归乡华侨将美国、欧洲的建筑风格融入到本地传统建筑风格当中，建造出一批中西合璧的楼房，尤其是堤西路上的骑楼建筑，更是侨乡一绝，为广东省文物保护单位。

骑楼是一种近代商住建筑，在两广、福建、海南等地，骑楼曾经是城镇的主要建筑形式，是西方古代建筑与中国南方传统文化相结合的一种建筑形式。"骑楼"这个名字描述的是它沿街部分的建筑形态：二层以上出挑至街道红线处，用立柱支撑，形

欧陆风情街

堤西路近400米长的商铺式楼房，在保存当地传统建筑风格的同时，又将西欧式建筑移植在家乡的土地上，形成了风格独特、富有文化韵味的中西合璧建筑群，因此这一带又叫"欧陆风情街"。

成内部的人行道，可长达数百米乃至一两千米；立面形态上建筑骑跨人行道，因而取名"骑楼"。骑楼楼下是人行交通通道，柱廊外侧是车辆交通通道，柱廊内侧则多为商场或店铺。骑楼建筑多采用线型布置方式，最显著的特点是前铺后宅、下铺上宅，所以也被称为商铺式住宅楼。事实上，早在2000多年前，古希腊就出现了商业骑楼，后来才在欧洲流行，近代才传至世界各地。国内

最早的骑楼出现于清朝末年广州的一德路、圣心教堂一带。有人称骑楼建筑是"凝固的音乐"，还有人称骑楼建筑是"时代的纪念碑"，也有人认为骑楼建筑具有"幽默感"或"戏剧性场景"。

赤坎的骑楼绵延成片，在小镇中夹道而立。堤西路、堤东路、中华路、牛圩路等几个路段几乎都由骑楼组成。这种大规模的骑楼群，在广东的小镇中是非常罕见的。在当地房管部门的统计中，这里的骑楼有近600座，即使以每座宽5米计算，骑楼街的总长度也接近3千米。

在这片骑楼群中，最壮观的要数堤西路的骑楼。这里的骑楼通常三层楼高、四五十米长，构造极为讲究，绝大部分是一楼一项，各式的西洋屋顶壁面后是传统的中式"金"字形瓦顶。骑楼在建筑立面的造型、细节装饰方面各有趣味，很多骑楼顶部是一个扇贝饰件，这种样式在意大利非常常见。还有气派的碉楼和罗马柱，以及渗透着西洋风格的琉璃窗等，显示出它们曾经繁盛的历史。

沿堤西路向内，中华路等路段的骑楼楼顶的装饰就趋于简单了。到了内街牛圩路，骑楼都几乎降为了两层，楼顶的装饰也显得草草了事、百户一面了。

骑楼这种建筑，特别适合炎热多雨的岭南亚热带气候地区，方便人们遮风避雨，挡避烈日照射，营造凉爽环境，是一种适应广州自然环境的建筑。广州有"五月天，孩儿脸，说变就变"之说。走在骑楼的长廊下，既不会被太阳

晒着，也不会被雨水淋着。从这个角度上说，骑楼是一种适应岭南地理环境、充满人文关怀的建筑。

骑楼是外来文化要素与本土文化的重组，充分显示出华侨在吸收西方文化，且与本土文化相结合上表现出的大胆的文化创新。骑楼平面布局上采用广东地区常见的竹筒屋，但立面为骑楼。骑楼发端于改善生活环境，进而成为商业谋生的场所，骑楼以商业活动为主，表现出开放意识和洋为中用的创造性思维。骑楼充分受到了外国建筑的影响，但也有不少部分仍旧体现了中国风水建筑思想。如仿巴洛克式骑楼为三开间，女墙中间有类似碑亭构件，中置神龛等，都为传统文化的体现。

骑楼建筑的"生态"与"情态"共生。骑楼楼下做商铺，楼上住人，楼下的廊，遮阳又防雨，既是居室(或店面)的外廊，又是室内外的过渡空间。它突破了居家单门独户的束缚，变成人们共享的空间。生活在骑楼中的人们品茗、聊天、纳凉、会客、交流信息，小孩子也常在这里玩耍，因而骑楼是广东繁荣的商业文化与浓郁的地域文化的一个缩影。游览在赤坎，会见到很多身着现代服装的当地老百姓，在洋味十足的骑楼里做着热热闹闹的小生意。一大早沐浴着阳光，在骑楼下，吃着汤面，品尝着肠粉油条白粥，看着小镇人们一天生活的开始，会感觉很安静也很舒服。饭后游走在赤坎的大街小巷，逛着老式店面的商店。午时，在店家准备的竹椅上坐下来，来一份当地的小吃豆腐脑、煲仔

饭，还有土特产鸡脚芋头，会感到生活的平淡安详和自在闲适。可以说，生生不息的骑楼文化是一种以人为本、开放包容、富有生命力的"活文化"。

乘帆船悠悠然逆潭江而上，穿越两岸茂密的竹林，时常有几只野鸭从河边的芦苇丛中飞出，叫声清亮，掠过清澈的江面。水牛漫步田野，村落炊烟缭绕，一幅乡村的自然风光如画卷徐徐展开。上岸来到赤坎古镇，漫步于骑楼之中，可深切感受到中西文化在这里交融，商业活动与人文景观紧密相连。赤

坎的骑楼展现了广东华侨文化继承与吸收、自信与包容的文化风格，也展现了广东人悠然闲适的生活情趣。

A 中西结合的骑楼

赤坎的骑楼，是中西建筑风格完美结合的典范。

B 赤坎居民

小镇居民的生活悠闲、自在。

C 骑楼底层的商铺

骑楼底层的商铺构成了赤坎一道独特的风景线。

大旗头
聚族而居的人文古镇

:: 未到三水大旗头村，已看到古村容颜，村子离公路咫尺之遥，成片的屋舍倒映在村前池塘，绿树成荫，悠闲恬淡的岭南水乡景象已呈现在眼前……

▶ 超越时代的建筑规划

坐落于佛山市三水区西南镇东北的大旗头古村，也称郑村，相传由慈禧拨款，清朝广东水师提督郑绍忠所建。随意走入一户人家，迎面而来的就是一种历史的沧桑感。与头顶张扬肃穆的官帽屋顶不同，郑村的民舍，显得通俗而实用。屋舍结构布局大都相同：院落坐东向西，东面三间屋，以木质屏风分隔成前堂与卧室，四面中间有一小天井，南北两侧各有厨房及门廊。

每间屋舍面积并不大，因为要防盗，所以古村传统民舍并不通透。从靠近巷道的一侧门房退出，不远处有一个形状酷似钱币的洞眼——金钱眼。金钱眼彰显富贵的含义，还具有非常高的实用价值，它是郑村排水体系的一部分。大

旗头古村在修建之初便使用暗渠泄流，巷道皆以石条铺设，方便清理下水道。

"洗笔池"位于村前，相传郑绍忠目不识丁，所以，他希望后人能通过读书做官，因此，就在村前修建了"洗笔池"。同时，还修建了一座文塔，文塔为笔形，与塔下一大一小两块方石、村前的草坪广场，组成了明显的拥有"笔墨纸砚"文房四宝的人文景观。这是郑氏希望后代"读书做官"之意。

当然，洗笔池不仅有象征意义，还担任着集纳村中雨水的重要角色。村中房屋坐东向西，地基微斜，一旦下雨，雨水自屋檐落入巷道，通过"金钱眼"自高到低的渗井流入暗渠，再由暗渠排到村前的"洗笔池"里。有如此科学美观的排水系统，所以，百余年来，即使在洪涝暴雨时节，大旗头村也从未发生过积水浸村事件。

此外，头顶官帽样屋墙，又称硬山顶锅耳式封火山墙，也是人们常称为的"鳌鱼墙"，是珠江三角洲民居建筑的独特造型。官帽两耳是厚厚的麻条石墙，可起到隔火的作用。"鳌鱼墙"后引申为"独占鳌头"之意，只有拥有功名的人才能采用，后来在珠三角民居中被广泛采纳，远看墙体高耸严整，肃穆庄严。

⊙ 建筑设计不输现代

除了防水和防火，古村的防盗、防风与防漏的设计，都异常精妙。

村内遍布机关，防盗设施十分完善。整个村落墙体厚达半米多，里外两层皆为青砖，中间夹有高达30多厘米的石板，坚不可摧。即使其中一间民宅失火，却不会波及邻里，而失火屋宇除房顶烧毁外，其余主体结构仍安然无恙。

所有的屋宇都设有两层屋檐，整个村被分为四条直巷，每一条巷口都曾设有铁闸，当所有直巷的铁闸同时落下时，整个村庄就如同一座堡垒。但巷间却四通八达，众多楼宇以天桥相通，如果不熟悉者进入，顿时有闯入迷宫之感。郑村的巷道设计与抗战时期我国著名的"地道战"战术有异曲同工之妙。

大旗头村的建筑，充分展示了郑氏卓越的军事才能：建筑群落以御敌防卫为根本思想，加强对核心部分——郑绍忠及其直系子孙居所的防卫。全村既体现军营规制的形式美，又体现出村落防卫的实用功能。

据说，古村建好之后，郑绍忠曾给后人立下规矩：住进大屋的人，不得随意改建房子，10年内出售也得卖给本村郑姓的人，这也是大旗头古村能完好保存至今的重要原因。

村口有一棵遮天蔽日的古榕树，虽经历百年风雨，依然繁密茂盛。当月圆之夜，一轮明月仿佛挂在树梢，树影婆娑，月光皎洁，充满了静谧的诗情画意，这就是"古榕挂月"的美景。现在的大榕树俨然是村人一个小型的休闲俱乐部，炎热夏季，老人聚在榕树下，或下棋，或玩牌，或读报，闲适怡然。

BEAUTIFUL CHINA

钱岗古村
荔枝林中的古村

✈ Guangdong

:: 钱岗古村位于广州市从化区西南14千米处，隶属太平镇。钱岗古村始建于宋代，距今已有800多年的历史。因为比从化县建成的时间还早200年，因此有"未有从化，先有钱岗"的说法。古村中有供奉南宋名臣陆秀夫的广裕祠，2003年荣获"联合国教科文组织亚太地区文化遗产保护杰出项目奖"第一名。钱岗古村是国家重点文物保护单位，在我国古村落群中具有极高的历史文物价值。

    钱岗古村从前是七个小山丘，称为"七星岗"，谭、陈、冼、钱四姓人家最先在这里建屋定居。宋朝末年，有钱氏迁徙到此定居，钱岗的名字由此而来。后来，钱姓人迁走，有陆氏迁到此，现在，钱岗古村的村民大部分姓陆。据考证，钱岗的陆姓人为南宋抗元名臣陆秀夫的后裔。祥兴二年（1279），宋军在崖山（今广东新会南）被元军打败，陆秀夫宁死不降，背着卫王投海而亡，悲壮献身。

    钱岗古村面积较大，共有房屋900多间。钱岗古村有明显的宋代岭南村落风格，与明清有别，因此别具韵味，又因为年代久远，布局较为随意，四面皆有朝向。现存的房屋多为明代建立，几乎所有的巷道都曲折迂回，数量多且深，错综复杂，如同迷

广裕祠

宫，但并不显凌乱，中间还夹杂着广府民居，为典型的梳式布局。走在其中，目之所及，房舍、祠堂、棚厅、池水一应俱全，让人产生恍惚错觉，以为自己置身数百年前的钱岗。

钱岗古村有四个古门楼：东门楼叫"启廷门"，经过这里的三个牌坊后，便可进入钱岗古村。西门为"镇华门"，南为"震明门"，北为"迎龙门"，其中以"迎龙门"最具特色，其阁楼远高于其他门楼。钱岗古村有"四门楼、九书院、三祠堂、四更楼"之说，四座门楼之间用围墙相连，墙外即是池塘溪水，古村俨然是个独立的城堡。现在，依然可以看到村外围有残缺的旧围墙与四门楼相连。

古村周围环境清雅幽静，东、南、西三面皆有池塘，池塘附近果树林立，其中荔枝树最多，荔枝中又以"糯米糍"为上品。"飞焰欲横天"就是形容荔枝成熟后，远看如红云缭绕的动人景象。

政南巷横贯钱岗古村南北，沿着政南巷走便可到达广裕祠。广裕祠位于村中心，据说建于1406年，祠内供奉的是陆氏祖先陆贾和陆秀夫。祠内的梁构底座颇有徽式民居莲花座的风格，因为糅合了北方的建筑风格，因而别有特色。广裕祠先后经历多次修缮，其中6次有明确记载。广裕祠保留了明清以来不同时代的特色，因而被称为"断代史"与"活化石"。钱岗古村的西更楼有一木雕檐板，叫"江城图"，反映了清代鸦片战争前广州珠江北岸10余千米的

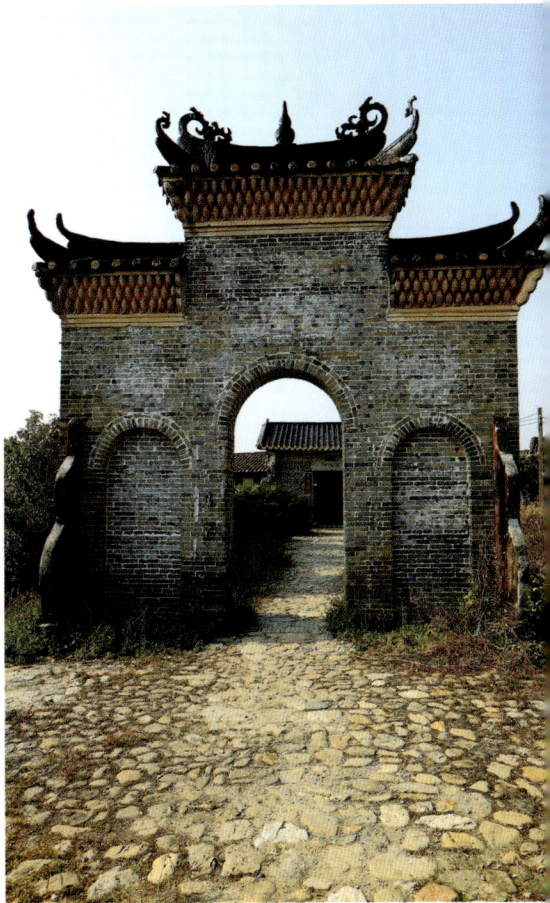

灵秀坊

灵秀坊是钱岗古村的东入口牌坊，高约6米，为青砖牌坊，秀丽挺拔。

人文景观和自然风貌，上至官宦名流，下至百姓生活，精雕细琢，栩栩如生。这件无价之宝被称为广州的"清明上河图"。

因秉承陆秀夫"诗书开越，忠孝传家"的教谕，钱岗古村民风淳朴高尚，有深厚的文化底蕴，是广州古镇村落的重要"名片"。驰名天下的"钱岗糯米糍"就产自钱岗，是从化首个获得国家地理标志产品保护的产品。

苏家围
南中国的画里乡村

Guangdong

:: 苏家围位于广东河源市义合镇，东江和久社河在它的南面交汇。苏家围是一个聚居着苏轼后裔的村落，因此称为"苏家围"。整个村子依山傍水、竹木环绕，景色秀美，有"南中国的画里乡村"的美誉。

小桥流水人家的诗情画意

进入苏家围，看到的第一道风景就是迎亲桥。迎亲桥寓意"迎接亲人"，是苏家围人向客人张开的怀抱。站在迎亲桥上可以看到苏家围的全貌。苏家围的民居建筑有一个明显的特点：并不是常见的客家圆形围龙屋，而是方形的明清特色的"府第式"围屋。苏家围全村18座围屋，数百间民房，看似杂乱无章，但仔细观察一下它们的排水系统，会发现其实苏家围的建筑设计是内藏玄机、非常讲究的。南方雨水多，即使遇上特大暴雨，雨水都能从屋里的暗渠排走，不会积水。据说，苏家围的排水系统，是仿照苏家先祖在江西吉安故居前的九曲水而建。

迎亲桥两岸绿树葱茏，桥栏仿竹行而建，古朴大方。桥下溪水清澈见底，因有绿树倒影，宛如一块温润碧玉。举目四望，小桥流水人家的诗情画意，立刻呈现眼前。

苏轼原籍四川眉山，后来移居江西，他的后人怎么又到了苏家围呢？苏

家围一个广为流传的关于紫苏的传说，或许能让人找到答案。紫苏可入药也可做菜，河源本地人常用作香料配菜，很受欢迎。据传，苏轼的第七代孙苏天荣，于元皇庆元年（1312）从江西庐陵，一路沿东江南下至番禺任教谕之职。到达义合时天色已晚，他夜宿于此。当天夜里，他梦到五位仙风道骨的老人，他们把岸上一棵高大繁盛的树指给他看，告诉他此地风水好，所以紫苏长得如此高大。苏天荣再想追问，五位老人却已不见踪影。醒来后，梦里的情景清晰可见，苏天荣觉得紫苏带"苏"字，与本姓有缘，不顾随同劝阻，执意要上岸看个究竟。结果，来到岸上，他并没见到梦里的紫苏树，却看到一棵大榕树，但他发现此地青山绿水，景色秀丽。他怀疑梦里的五位老人是要指点他

特色标语

苏家围不仅保留了古旧的居所，还保留了从"土改"到改革开放时期每一个阶段的特色标语，这些标语成为苏家围的一大特色标志。

在此定居。

后来，他出任四川富顺县知县，但一直没有忘记此事，叮嘱后人一定要到他梦到的地方定居。直到他的第四代孙苏秀弘担任东莞京山巡检时，才到此定居，圆了先人的梦。苏家围从此开始了它700年的历史。为了纪念先祖，苏氏后人就建造了紫苏园，并且一代代留传下来。

⊙ 鸳鸯榕的浪漫传奇

永思堂是苏家围保存至今的18座民居中最古老的，建于明宪宗成化十七年（1481），是为纪念苏家围八世祖苏东山而建，因此又称为"东山苏公祠"。永思堂一直是苏家围人举行祭祀、商议讨论苏氏族人重大事件的地方。

永思堂是参照苏东山在任职时，朱元璋根据他的官衔颁布宅府第式建筑风格而建。堂屋主体为三幢，大门不是常见的正对厅堂，而是在两边开有侧门。这具有明显的府第式客家民居的特点，据说这是因为客家人认为厅堂正对大门不吉利。

永思堂经历了500多年的风雨，至今仍保存得非常完整，这固然与它坚固的建筑结构分不开，但主要依赖的是它在历史上的地位与影响力。有例为证，解放战争时期，国民党196师师长葛先才率军路过义和镇，立刻去了永思堂。回到部队后立即下令不得侵犯永思堂，永思堂才由此躲过了战争的浩劫。

苏家围现存的五棵大榕树，都历经千年岁月的洗礼，其中最出名的是五显

榕与鸳鸯榕。关于这两棵榕树，都有生动的传说。五显榕，正是当年苏天荣按照五位仙人的指示，上岸时看到的第一棵榕树。为纪念那五位仙人，这里还曾建有五显祠，后来，被改建成山歌台。喜欢唱歌的客家女经常对着东江水引吭高歌，悠扬的山歌在青山绿水间回荡。

鸳鸯榕则如同苏家围的保护神，挺立在江边。关于鸳鸯榕，有一个美丽的传说。相传，清朝时，龙川县一位才女因不满意家里安排的婚姻，四处躲藏，逃婚到此，眼看无处藏身，幸得这棵大榕树庇佑，才逃过了家族的追拿。最终，才女与自己的意中人结成伴侣。后来，她的丈夫做了官，两人感恩于榕树的恩德，于是，专程运来一块"树恩难忘"的碑立于树前。这棵救人危难、成人之美的大榕树，

A 迎亲桥

"迎亲桥"是游客到苏家围的第一个景点，同时也表示苏家围人像迎亲人一样迎接朋友的到来。图为游客在迎亲桥前留影纪念。

B 永思堂

永思堂在苏家围古屋群的中心，是府第式围屋。永思堂结构牢固，中厅宽阔，六根柱子顶撑着梁架和瓦面，人称"六柱官厅"。

也因此被人千古传诵。

苏家围的山水树木，民居桥梁，无不具有古朴与深沉的气质。苏家围人秉承先祖传统文化，并将其汇入岭南的山水天地间，因此，这里的建筑具有浓郁的文化气息。同时，苏家围也浓缩了客家文化，古榕参天，水木清华，江风竹翠，山歌野趣，造就了桃花源式的南国画里乡村。

CHAPTER
06

岭南园林
苍茫百越的悠韵浅吟

岭南的建筑与园林充满了地域特色，既与自然浑然一体又闪烁着人类文化的灿烂光辉。它们停留在时间里的身影，书写并承载着岭南的古典园林文化。

清晖园将明清文化、岭南古建筑、江南园林艺术、珠江三角洲的水乡特色完美融合于一体，造就一个充满诗情画意的仙境胜地。梁园造园者巧妙地将住宅、祠堂、园林和谐地联结在一起，具有浓郁的地方色彩。可园运用了"咫尺山林"的手法，小中见大，在有限的空间里再现了大自然的美景。余荫山房灵巧精致，藏而不露，历经数百年原貌仍保持较完整。宝墨园集清官文化、岭南古建筑、岭南园林艺术、珠三角水乡特色于一体，无论是在建筑形态、园林设计，还是在山水相融、石桥设置等方面，均布局合理，和谐自然。越秀公园是广州规模最大的综合性公园，是元代以来的羊城八景之一。公园极富岭南特色，自然风景秀丽，人文景观独具特色。

清晖园
岭南园林的代表

:: 清晖园位于广东省佛山市顺德区大良镇华盖里，为我国南方古典园林艺术的杰作，堪称岭南园林的代表，与佛山梁园、番禺余荫山房、东莞可园并称为"清代粤中四大名园"。1989年，清晖园被列入广东省文物保护单位名录，2013年3月被列为第七批全国重点文物保护单位，现在是国家4A级旅游景区。

清晖园建于道光二十六年（1846）左右，园址原为明万历年间状元黄士俊府邸，清乾隆年间，黄家衰落，庭院荒废。后为乾隆年进士龙应时购得，该院归龙家后，由龙应时传于其子龙廷槐和龙廷梓。后龙廷槐和龙廷梓分家，龙廷槐得到了庭院的中间部分，而左右两侧为龙廷梓所得。龙廷槐于官场失意后回乡建园。嘉庆十一年（1806），龙廷槐之子龙元任请书法家李兆洛书写"清晖园"三字于园的正门上方，比喻父母的养育恩情如同日光和煦照耀。园林经龙家五代人多次修建，逐渐形成了格局完整而又富有特色的岭南园林，居晚清名园之列。民国时期，园林损毁厉害，1959年重修，将三园合并，遂成今天的格局。

清晖园占地0.34公顷，分为南园、中园和北园三个景区。整个园林空间主次分明，结构清晰，是极富岭南特色的园林。

▶ 南园

南园方池是园中的水景区，主要建筑物有澄漪亭、六角亭、碧溪草堂等，由滨水游廊和木制通花做装饰的连廊相连接。

从华盖里直街横折，走一段路就可以来到古时清晖园的入口处——位于清晖园荷塘南角的小门厅。门厅至今还悬挂着清代大书法家何绍基所书"清晖园"牌匾，"清晖园"三字笔力遒劲，大家风范显露无遗。

走出门厅，进入园内，再穿过一段依墙而建的走廊，顿感豁然开朗，举目四望，已经到了澄漪亭挑廊。澄漪亭与船厅互为对景，如果是春天，打开窗户，便可看到近处的玉堂春开得如火如荼，花大如碗，又可见飞燕掠碧；高低错落、花树掩映的房舍亭院，仿佛近在咫尺。远眺，有树龄达百年之久的、地质史上"中生代活化石"之称的银杏树。东望，便是拱石凌空、枝叶疏遮密掩的花亭。

澄漪亭名为亭，实际上采用的却是典型的水榭做法：临水架起平台，平台部分架在岸上，部分伸入水中，平台上建有长方形的单体建筑，临水一面是常用落地门窗，开敞通透。这样，游人不仅在平台上可以休憩眺望观景，即使在室内，无限湖光山色的美景，也照样尽收眼底。

从碧溪草堂穿过一条池廊，便是六角亭，传说为龙氏女眷活动处。亭边设有"美人靠"，既可以"常倚曲阑贪看水"，也可以凭栏而立，体味雨打荷塘的浪漫。池廊上的每道横梁都雕刻有精

A **B**

A 花径
"花径"二字为清代著名书法家何绍基所题，取杜甫"花径不曾缘客扫，蓬门今始为君开"之意。

B 澄漪亭

碧溪草堂

筑，周围厅敞栏疏，径畅台净，浓荫匝地，花亭、狮子山等园林小筑掩映在绿云深处，景色十分宜人。

船厅是仿照清代珠江河上的"紫洞艇"而建的两层楼屋，分船头、船舱和船尾，这在我国建筑设计上是唯一的特例。船厅又叫"小姐楼"，传说龙家那位才华横溢、气质如兰的龙吟芟小姐曾经在这里居住，因而有了这个别称。船头向北，如同在等候佳人登船，同赏这人间美景。船厅旁边有一棵百年桂圆树，苍郁繁盛，浓荫遮天蔽日，如同巨伞擎于船厅旁，其投影在水面，如同在其间洗涤墨绿绸缎，有风吹过时，顿感凉爽惬意。荷塘里水质清澈，各种观赏鱼嬉戏其间，水面如镜，风吹过，涟漪细细，清雅又不乏生气。船头种有沙柳，沙柳旁边的百年紫藤犹如一条缆绳缠绕在沙柳上。每到阳春三月，紫藤开满蓝紫色小花，如同缀满了风铃，花香

美的菠萝、杨桃、香蕉等岭南水果，散发出浓郁的南粤气息。

"碧溪草堂"据传是清晖园内最早的建筑，是龙氏母亲的居所，"碧溪草堂"是后来命名的。碧溪草堂的明间设有一座镂空疏竹木雕圆光罩，工艺精湛，古色古香。有趣的是，两侧玻璃屏门的裙板上，分别用隶书和鸟虫书体镌刻有48个形态各异的"寿"字，称为"百寿图"。通常的"百寿图"都由100个"寿"字组成，但龙氏的"百寿图"却只有96个"寿"字。

▶ 中园

中园是园内景色最集中的游览区，主要有船厅、惜阴书屋、真砚斋等建

袭人。船厅后面，又种有一棵木棉树，奇特之处在于该树开花为淡黄色。岸边花木繁多，蕉叶弄影，是极佳的待客品茗、赏荷怡情之处。

与船厅骈肩而建的是惜荫书屋与真砚斋，是龙氏的子孙、公子小姐们念书学文之所。而建于庭院深处，靠原后门的两座院落"归寄庐"与"笔生花馆"分别为园主的起居室与做学问的书斋。

⊙ 北园

北园是园主们日常生活起居之所，以竹苑为代表。此处建筑较为密集，楼屋栉比，巷院兼通，假山迎面，修篁夹道。

从院内建筑的装饰可以看出，园主对竹十分喜爱。船厅门正面雕有绿竹数竿，此外园内还多处有"岁寒三友"的形象。园主还特意在南楼的后面修建一座院落，称为"竹苑"。竹苑地形狭长，却遍植翠竹。只见青翠欲滴，竹影婆娑，穿梭其间，如同置身世外桃源。

清晖园的植物种类丰富，除了岭南的许多名贵花草树木，主人还栽种了苏杭园林的紫竹、枸骨、紫藤、五针松、金钱松、七瓜枫、羽毛枫等。此外还特意从山东等地搜集了龙顺枣、龙爪槐等树种。

清晖园的设计建筑者精巧构思，充分运用了小中见大、虚实相济、园中有园、景外有景，延长游园路线等构图手段，使得清晖园在数亩地之间，造就了一幅气象万千、充满诗情画意，让人目不暇接、流连忘返的生动的岭南画卷。清晖园将明清文化、岭南古建筑艺术、江南园林艺术、珠三角水乡特色完美融合于一体，造就一个充满诗情画意的仙境胜地。

Ⓐ 船厅
Ⓑ 竹苑

梁园

枕山漱水，享林泉之乐

✈ Guangdong

> :: 佛山梁园是佛山梁氏宅园的总称，是当地诗书画名家梁蔼如、梁九章、梁九华、梁九图叔侄四人，在嘉庆、道光年间（1796～1850）所建私家园林的总称。1984年佛山梁园重修，重修后改称为梁园。梁园是岭南园林的杰出代表。秀水、名帖、奇石堪称梁园"三宝"。

　　鼎盛时期的梁园规模宏大，占地13公顷，如今的梁园占地面积约13000平方米。梁园主要由"十二石斋"、"群星草堂"、"汾江草芦"、"寒香馆"等不同地点的多个群体组成。梁园最突出的特色在于，造园者巧妙地将住宅、祠堂、园林和谐地联结在一起，具有浓郁的地方色彩。

　　从园林的整体布局上看，它集中体现了典型的岭南建筑风格，布局精巧、错落有致，处处匠心独运。无论是亭台楼阁、石山小径，还是小桥流水、奇花异草，皆有章

法。园内湖水萦回、奇石巧布、绿树成荫；建筑玲珑而不失典雅，砖雕、木雕等琳琅满目、形态各异。

▶ 秀水

曲水回环、松堤柳岸，是梁园独有的岭南水乡韵味。群星草堂的荷香小榭，位于湖岸边，来到小榭檐下，可见湖中铺满荷叶和荷花，一片碧绿中点点粉红，轻轻摇曳。汾江草庐流水潺潺，成群的金鱼、锦鲤时浮时沉，湖面涟漪阵阵，波光荡漾。湖心有石，名为"湖心石"，周围有白鹅、鸳鸯戏水，秀丽宜人，风景如画。

▶ 名帖

梁园珍藏着历代书家名帖，诗书画的文化内涵丰富多彩，诗情画意比比皆是。"草庐春意"、"枕湖消夏"、"群星秋色"、"寒香傲雪"这春夏秋冬四景展示文人园林的浪漫特质。而"石斋寄情"、"砚磨言志"、"幽居香兰"、"庄宅遗风"四景，将岭南古园林的多种文化意境和

A **B**

A 韵桥

韵桥为三孔石拱桥，其上建廊屋，又称风雨桥。韵桥是周围景色的集中体现，倚桥聆听，"窗前书韵"、"堂中琴韵"、"鼎中茶韵"都集中于此桥，故以"韵桥"命名。

B 梁园美景

梁园坐落在城区的中心，身处闹市，园外车水马龙，园内却别有洞天。

文化生活表达得淋漓尽致。园中雅集酬唱、读书著述、家塾掌教、幽居赋闲，凡此种种表现了文人闲适的生活，令人回味无穷。

奇石

园林以奇峰异石作为重要造景手段，总体布局颇具当地大型住宅园林特色。相传梁园奇石达400块，故而有"积石比书多"的美誉。其中的四组园林因构思不同而风格迥异，组景手段丰富多彩，如"平庭"、"山庭"、"水庭"、"石庭"、"水石庭"等，使得景色变化迭出。梁园不仅叠石置景，独石也能置景。这当中最为著名的莫过于群星草堂中的"石庭"。"石庭"讲究的是一石成形、独石成景，这在岭南私园中独树一帜。梁园的主人借此突显自身个性特征，表达了对人的个性和自由人格的追求。值得一提的是园内的太湖、灵璧、英德等地奇石，这些奇石在庭园之中或立或卧、或俯或仰，极具情趣，形态各异。名石有"苏武牧羊"、"童子拜观音"、"美人照镜"、"宫舞"、"追月"、"倚云"等。

梁园有"山"，以石代山而非"叠山"，气势并不恢宏，却充满了奇石的神态韵味，以小代大，表现山川之奇。摒弃了石块的积压堆砌，梁园的以石代山可以更灵活自由地表达不同思想情感。梁园的山与整个造园质朴的风格是相统一的。梁九图在诗中曾描述其"衡岳归来意未阑，壶中蓄石当烟鬟"。

建筑风格

梁园的住宅、祠堂、园林三者浑然一体。进入梁园，部曹第、佛堂、梁氏宅第和刺史家庙等映入眼帘。雕刻精美绝伦，园林式建筑设计既高雅又小巧精致，式式具备又轻盈通透。细心游览，方知梁园汇聚了古代岭南园林地方特色，处处匠心独运。

建筑最终是为人所筑，梁园恰好满足了当时文人墨客的内心需求。修建梁园时，名人荟萃，文风鼎盛，古代文人常于此享受林泉之乐，远离大都会的喧嚣嘈杂，更是满足了"广府文化"中对花园式宅第和自然空间环境的向往。

A 群星草堂的满洲窗

外国的彩色玻璃传入中国后，被广泛应用在教堂的窗户上。由于慈禧十分喜欢这种玻璃，岭南的许多园林也纷纷采用。梁园具有岭南特色的窗棂，再加上外国的玻璃，自成一体，俗称"满洲窗"。

B 园内奇石林立

山石艺术是梁园一大特色。

C 船厅内部

船厅三面为大型满洲窗，四周景物尽收眼底，斗室容寰宇，是休憩赏景的好地方。

D 刺史家庙

刺史家庙是典型的传统岭南式祠堂建筑，集木雕、石雕、砖雕、灰塑等岭南传统手工艺和建筑工艺于一体，具有极高的观赏价值。

可园
小中见大，静中带趣

✈ **Guangdong**

:: 可园位于东莞市区西博厦村，是岭南园林的代表作，前人称赞其为"可羡人间福地，园夸天上仙宫"。它与顺德清晖园、佛山梁园、番禺余荫山房合称"清代粤中四大名园"。可园始建于清朝道光三十年（1850），是张敬修所建。他以例捐得官，官至广西按察使，后来被罢免官职回乡，就在这里修建了可园。此园直到1864年才全部建成。可园面积约2204平方米，外围呈三角形，围墙用青砖砌成。园内有一楼、六阁、五亭、六台、五池、三桥、十九厅、十五间房，都全部由水磨青砖建造。造园时，运用了"咫尺山林"的手法，使得此园在有限的空间里呈现出大自然的美景。

可园多以"可"字命名，如可楼、可轩、可堂、可洲等。关于可园的名字，解释不尽相同，约有"可以"、"可人"、"无可无不可"的意思，但公认的是这个庭园"可堪游赏"。 可园最高建筑是可楼。可楼楼高15.6米，沿楼侧的石阶登到楼顶的邀石阁，可见阁内四面明窗，阁檐展翅，凭窗远看，可眺望莞城景色。

可园

可园大门两侧的对联"可羡人间福地，园夸天上仙宫"是对可园美景的极佳概括。

⊙ 设计精巧，曲折回环

　　东莞可园特点是面积小、设计精巧。在三亩三（2204平方米）的土地上，亭台楼阁，山水桥树，堂轩院落，面面俱到。住宅、客厅、别墅、庭院、花园、书斋，设计极为讲究，甚至连窗雕、栏杆、美人靠、地板都没有被忽视，各具风格。室内近水栽花，摆设清新文雅，具有典型岭南特色。

　　从整体布局上看，可园曲折回环、四通八达、高低错落、处处相通、扑朔迷离。因其设计者把孙子兵法融汇在可园建筑设计之中，使其共有130多处门口，108条柱栋，因而整个布局犹如三国孔明的八阵图，稍不留神，就像进入八卦阵一般，会迷失了路径。

⊙ 静中有趣，雅意文风

　　可园将山水楼阁艺术地结合在一起，使其基调成为空处有景，疏处不虚，小中见大，静中有趣，幽而有芳。于此探幽寻芳，静谧幽静，顿时生出无限乐趣来。

　　可园文风雅意。张敬修虽然身任武职，但金石书画、琴棋诗赋，样样精通，又因其广邀文人集会，使得可园文风浓郁。尽管整个庭园整体布局偏于武略，但局部都显得文雅意极浓。居巢、居廉在可园十年创建没骨法、撞粉法画花鸟画，并在此传道授业，开创了岭南画派的先河。

⊙ 处处有景，景景不同

可园门前有一片莲塘，塘边曾有侍人石（如今已经丢失）和当年系马停轿的地方。步入庭园，可见环绕整座园林的环碧廊。环碧廊的开端在擘红小榭，擘红小榭是主人当年邀请文友品尝荔枝的地方。过了擘红小榭，就来到了园中餐厅——桂花厅。

双清室是园主人吟风弄月的地方。堂中的建筑、地面、天花、窗扇皆用"亚"字为图，相传亚字是吉祥之字。

根据堂前湛明桥翠、曲池映月之景，而命名"双清"。

双清室之后的"问花小院"，是主人赏花的地方。顺着环碧廊步出"问花小院"，可以见到花丛果坛，满目青翠，这里被称为"壶中天"，是园主人下棋喝茶的小天地。从这里出后庭，可见广阔的可湖，碧色湛湛，顿觉心境开阔。

"可堂"是可园的主体建筑，也是最庄严肃穆的建筑，四条红石柱并列堂前，显得气派不凡。堂外左右两廊花木茂密，秀丽端庄。右前方设一"滋树台"来专门摆设盆景。堂外正中有一形似狮子的大石山，威武雄壮，山上建了一间楼台，被称为"狮子上楼台"。每逢中秋佳节，人们来此登台赏月，尽览可园秋色。

　　"邀山阁"雕梁画栋，造型秀丽，是可园最高的地方，可俯瞰全园。纵目远眺，可将山川秀色尽入眼底，深深体会到借景的妙趣。"邀山阁"下面的绿绮琴楼，是主人弹琴的地方，也是女眷居住之地，人称小姐楼。如今来到绿绮楼中，可听到琴声阵阵，仿若时光倒流。

　　可园是四大名园当中保存最好的一个，其亭台楼阁设计精巧，山水相连，小巧玲珑。寻幽览胜，方知此处妙趣。

A 双清室
B 邀山阁
C 小中见大

余荫山房
灵巧精致，藏而不露

✈ **Guangdong**

:: 余荫山房又名余荫园，位于广州市番禺区南村镇东南角，是清末举人邬彬的私家花园。始建于清同治六年（1867），完成于同治十年（1871）。余荫山房以"小巧玲珑"的独特风格著称于世，是岭南园林的瑰宝。同时，它又充分体现了中国历史文化的精髓。作为清代广东四大名园之一的余荫山房，是保持原貌最完整、最少遭到破坏的古典园林，历经100多年，我们依然能领略它的奇趣雅致。

⊙ 虹桥映月，十里荷香

进入题有"余荫山房"的正门后，穿过厅堂，再穿过一条竹影婆娑的小径，就是山房的花园门。步入园中，首先映入眼帘的是门上的一副对联："余地三弓红雨足，荫天一角绿云深。"对联不仅意蕴清雅，也为余荫山房的点题之句。据说，邬燕山为纪念先祖的福荫，特取"余荫"二字作为园名。与余荫山房紧贴相通的建筑就是善言邬公祠，是邬家的祖祠。

同时，这副对联还暗含了余荫山房的特点："余地三弓红雨足"，弓，即箭，古人用箭表示距离，三弓就是三百步的距离，指出了园林面积小；红雨，表示余荫园四季花香不绝，果木繁盛；"荫天一角绿云深"，则生动体现了余荫园松柏翠绿，竹影斑驳的特点；上下

点题名联
余地三弓红雨足，荫天一角绿云深。

联的"足"与"深"，则深刻体现了园主看破世情，告老归田的从容淡然。

余荫园以一座游廊式拱桥"浣红跨绿"为界，将园景分为东、西两部分。拱桥具有桥、廊、亭的功能，是"三合一"的杰作，充分体现了余荫园设计者的匠心独具。月圆之夜，月影、桥影、人影在荷花池中相映成趣，构成一幅荷塘月色的动人画卷。这就是著名的"虹桥映月"。

园的西半部以长方形的石砌荷池为中心，池南为造型简洁的"临池别馆"，别馆为书斋之所在，清幽素雅，夏季凭栏小憩，碧莲映月，荷香十里，杨柳轻垂，让人心旷神怡。别馆注重建筑的细部装饰，玲珑精致，兼备苏杭的素雅与闽粤的精致华丽。

荷池北面为主厅"柳深堂"，为余荫山房的主题建筑，是装饰艺术与珍藏文物的精华所在。木刻精品数不胜数，而历代名士的真迹墨宝也不在少数。堂前两壁满洲窗，古色古香，雕刻精致。两幅花草通花花罩生动逼真。此外，侧厢32幅桃木扇格画橱、碧纱橱的紫檀木雕屏风，都是著名的木雕珍品。尤其珍贵的是，紫檀木雕屏风上刻有清乾隆年间大学士刘墉的书法手迹："韩持国在洛中作诗云：'闭门读易程夫子，宴坐焚香范使君。顾我未能忘世乐，绿樽红苃对斜曛'。"堂前庭院中有两棵苍劲的炮仗花古藤，花开时节，一片红云缥缈；花瓣落时，宛如红雨洒落，极富浪漫诗意。

"卧瓢庐"位于深柳堂左侧，是专门为宾客休息准备的客房。

⊙ 玲珑水榭，诗情画意

走到回廊深处东半部中央，有一八角形水池，池中设八角亭一座，这就是著名的"玲珑水榭"，因水榭呈八角形，故而又称"八角亭"，八面皆有窗户，既可八面通风，又能八面观景。对于八角亭的八景，有一首五律诗概括得很好："丹桂迎旭日，杨柳楼台青；腊梅花开盛，石林咫尺形；虹桥清辉映，卧瓢听琴声；果坛兰幽径，孔雀尽开屏。""八景"将诗情与画意完美融合，让人流连其间，沉醉不思归，"玲珑水榭"也因此远近闻名。

水榭东南沿着园墙布置有假山，奇石嶙峋，造型多样；而东北面则有"孔雀亭"与"来熏亭"，周围树木繁盛，腊梅、菠萝树、南洋水杉等珍稀名贵的古树郁郁葱葱。

紧邻余荫山房的南面有一座瑜园，为庭院式住宅，是园主人的第四代孙邬仲瑜所建，故称"瑜园"。瑜园底层有船厅，厅外设有小型方池，第二层为玻璃厅，在此可将余荫美景尽收眼底。瑜园为邬氏女眷的居所，所以又有"小姐楼"一称，楼中布置清幽雅致。

东坡居士说过："宁可食无肉，不可居无竹。"余荫园里自然也不能少了竹，但由于面积所限，所以，园主没有专门设置竹园，而是在墙与墙之间，种上翠竹数株，控制它的长势，既不额外占用庭院面积，又处处可见竹影婆娑，这就是"夹墙竹翠"的清雅景致。

因要在弹丸之地，将亭台楼阁，堂轩桥廊，假山碧水，翠竹碧莲全都包含

柳深堂
柳深堂厅堂"深柳堂"的取名源自唐诗："闲门向山路，深柳读书堂。"

其中，且回廊、花窗影壁相互借景，彼此相映成趣，因此使得园内有"园中有园，景外有景"、奇趣婉转的曲径通幽之感。余荫园的建筑布局之精巧堪称一绝，既充分吸收了苏杭园林的艺术风格，又与岭南园林相结合。整座园林布局灵巧精致，其中有两个最显著的特点：一为"缩骨成龙"，园内景点，亭台楼阁，山水池榭，一应俱全，藏而不露。另外一个是"书香文雅"，不离居室。邬氏堪称书香门第，园主邬彬曾为同治举人，邬氏很注重儿孙的教育，而他的两个儿子也考中举人，因此有邬氏"一门三举人，父子同登科"的佳话。所以，余荫山房诗联满园、处处皆是文采缤纷的佳作，不仅是岭南建筑艺术的珍品，也是岭南文化的集萃。

另外，还值得一提的是园内的装饰，园中砖雕、木雕、灰雕、石雕四大雕刻作品俱全，且都为具有精湛技术的名工巧匠之作，园内装饰雕刻精细，图案丰富精致，色彩素雅和谐，充满了恬静淡雅的美感。

如能在淡淡的雨天里去探访余荫山房，实为人生之幸事。不仅能感受"园中有园，景中有景"的妙处，还能看到雨落莲池，似珍珠滚落。此时的余荫园摒弃了繁华与浮躁，满园荷香，耳畔传来的是雨打竹叶的低吟浅唱，韵味悠长……

玲珑水榭

玲珑水榭是园主人诗钟文酒、吟风弄月之处。

宝墨园

岭南新园

✈ **Guangdong**

:: 宝墨园位于广州市番禺区沙湾镇紫坭村，建于清末，占地5亩，现在园区面积扩至168亩（约10万平方米）。宝墨园的前身是为纪念包拯所建的包相府，以此颂扬龙图阁直学士包拯刚正不阿和清正廉洁。宝墨园集清官文化、岭南古建筑、岭南园林艺术、珠三角水乡特色于一体，无论是在建筑形态、园林设计，还是在山水相融、石桥设置等方面，均布局合理，和谐自然。游览其中，令人流连忘返。

⊙ 自然风光，堪称一绝

全园水景，堪称一绝。宝墨湖、清平湖等与1000多米长河贯通，长流不息。30多座石桥，横跨于河湖之上。驾上一叶轻舟，荡漾于河湖之中，仿若置身蓬瀛仙境，逍遥自在，忘却时间和烦恼。清平湖周围，绿柳侵烟，湖面涟漪阵阵，锦鲤悠游。紫竹园里的紫竹溪是专为儿童设计的，是他们的欢乐天地。

园中四时青翠，树木花卉，美不胜收。园内种植的植物主要有千年罗汉老松、九里香、两面针树、银杏树、玉堂春、大叶榕树、紫薇树等。玫瑰园万紫千红，荷花池摇曳生姿，兰圃清幽高雅，紫竹林惠风和畅，凡此种种都使游客目不暇接。园内栽植有大量的岭南盆景，荔岛凝丹、玉堂春瑞、柳剪春风、千年罗汉、茶王双璧等，更使人赏心悦目，百看不厌。

⊙ 砖雕瓷雕，巧夺天工

宝墨园的门前有两幅工艺精湛的民间砖雕，分别为包拯怒铡陈世美与包勉的故事。园内还有大量的灰雕、石刻、陶塑和紫檀木雕，以及传统宫灯等艺术精品，琳琅满目。

最为著名的，莫过于巨幅砖雕《吐艳和鸣壁》和大型瓷雕《清明上河图》。二者分别被《吉尼斯世界纪录》评为世界上最大的砖雕和瓷雕。一进门的大影壁，就是《吐艳和鸣壁》，壁上百花吐艳，百鸟和鸣，一团繁荣明媚景象。上面还雕有极富岭南特色的芭蕉、振翅飞翔的凤凰以及各种动物。这幅雕刻整体

A **B**

A 聚宝阁

聚宝阁位于荔岛中，金碧辉煌，雍容华丽，阁内供奉万世师表孔子铜像，供游人瞻仰。阁内还珍藏有大量古今名画、书法、陶瓷、铜器、玉器等。

B 紫洞舫

紫洞舫"泊"于清平湖岸边。长21米，宽6.8米，高8.7米，共2层。钢筋水泥结构，内外装饰名贵柚木。由于造工精细，装饰巧妙，极像全由木材造成的。

布局和谐立体，栩栩如生，令人瞩目。大型瓷雕《清明上河图》，则是宝墨园的镇园之宝。

▶ 建筑景观，颇具特色

宝墨堂正中悬挂的包拯画像，是四川著名国画家韩云朗所画。宝墨堂前的两棵老榆树，树龄近百年，是充满古树风格的巨型盆景。两树苍劲挺拔，耸立在包拯像前，就像是捍卫正义的卫士，人称"树将军"。在宝墨堂梁脊顶上，有一组包拯掷砚陶雕群像，讲述的是包拯不肯收受贿赂、清正廉洁、不与民争利的故事。

龙图馆极具岭南古代建筑风格，造工精巧，古朴典雅。大门外有18棵罗汉松排列成行，以此象征包公出巡时的仪仗队。旁边红花紫薇繁盛，嫣红翠绿，

相映成趣。"龙图馆"横匾下，有对联颂扬包公辉煌政绩。馆中有包公造像，刚正不阿，令人心生敬畏。

治本堂原为包公厅，取自于包拯五言律诗《提训斋壁》中"清心为治本"，意思是只有为官清廉才是治国的根本。厅内悬挂的中国画《荷花》，象征包拯清廉圣洁、不染淤泥。堂内有对联："治绩越千年有德于民留后世，本源同一脉其清如水仰先贤。"以此来歌颂包拯为政清廉。

赵泰来藏品馆也是宝墨园的一大特色景观。它的建筑规制，来源于珠江三角洲晚清时的祠堂。藏品馆由水磨青砖建造，正面是"回"字形的大门，额匾和对联的刻字是由已故著名岭南画家黎雄才先生在94岁高龄时亲手题写的。赵泰来先生是英籍华人，也是宝墨园永远的名誉园长。赵泰来先生曾捐献了41幅大型的西藏唐卡，内有姿势各异的释迦牟尼佛、观世音菩萨、文殊菩萨等，还有各种护法金刚、西藏佛教的各位祖师。唐卡极为珍贵，因其是起源非常早的西藏佛教宗教绘画，后来在唐代盛行，因而有"唐卡"之称。赵泰来先生还捐赠了大量明代的铜观音、铜马、铜香炉等稀世珍宝。卢中坚先生是香港著名收藏家、宝墨园顾问，他也热心向宝墨园捐赠名画。除此之外，馆中还有书法、陶瓷、铜器、玉器等，由此形成了宝墨园独特的人文景观，成为了一座珍贵的园林艺术馆。

宝墨园中的紫带桥横跨清平湖。桥栏两旁刻有《东周列国志》、《隋唐

演义》和《三国演义》等家喻户晓的立体石雕，雕工精致细腻，人物表情自然生动，动作场景刻画栩栩如生，是石刻中的精品佳作。紫带桥前的紫气清晖大牌坊，也是为了纪念包拯而建立的，以此来弘扬他为官的清正之风。这座牌坊在建筑风格上仿照的是古礼制的五叠四柱、驼峰斗拱式的白麻石建筑，雄伟壮观，在南国园林中绝无仅有。

A **B**

A 紫带桥

B 大型瓷雕《清明上河图》

《清明上河图》壁画全长62.8米，高7.3米，由1352块浮雕瓷板拼砌而成。它别具一格地采用了陶瓷雕塑和陶瓷彩绘相结合的手法，整幅浮雕瓷画气势磅礴，栩栩如生，雕艺精湛，被誉为岭南一绝。

越秀公园

都市桃源

:: 越秀公园是广州规模最大的综合性公园，是元代以来的"羊城八景"之一。公园极富岭南特色，自然风景秀丽，人文景观独具特色。越秀公园由主峰越井岗及周围的桂花岗、木壳岗、鲤鱼岗等七个山岗，和北秀、南秀、东秀三个人工湖组成。公园山水如画，是自然景观和人文景观完美结合的代表。每年春秋两季的花卉展览，更是吸引了无数中外游客前来观光。

▶ 秀丽宜人的自然环境

越秀公园是山的公园，以越秀山为主体。越秀山属白云山余脉，以西汉时南越王赵佗在山上建造"朝汉台"而得名，明代永乐年间，山上曾建观音阁，所以民间又常称之为观音山。越秀山是广州的风水宝地，从地理形态看，白云山和越秀山像巨大

Ⓐ 远眺越秀公园
Ⓑ 公园大门

的苍龙，在珠江畔，形成"飞龙吸水"之势。

在广州市中心区，越秀公园拥有面积最大的绿地，园中山水秀丽，鸟语花香。越秀公园拥有以混交林和湖泊为基础的自然生态系统，园中人工植物和天然次生植物种类混合多样，其中仅乔木就有146种近22万株，灌木121种，地被植物143种等，这里还有国家一级保护植物桫椤。如此丰富的植物资源为大量的动物提供了良好的觅食和栖息环境。越秀公园内还有大量的鸟类、蛙类和珍稀鱼种。

镇海楼

⊙ 颇具特色的人文景观

越秀公园是广州最早的公园之一。民国时期，孙中山先生就提出要把越秀山建成一座大公园。如今的越秀公园保存了各种历史文物和遗迹，园道紧密连接各个景点。

越秀公园内存有一段明代古城墙。明代古城墙横跨越秀山，在越秀公园内可见到的一段约有200多米，渐渐隐没在丛林深处。古城墙全长约1100多米，也是广州现存的最古老的城墙。它建于明洪武十三年（1380）朱亮祖镇守广州时，迄今已有600多年历史。这段城墙是广州保存的唯一一段明代城墙，它与镇海楼、五仙观后面的钟楼一起，被人们

认为是明初广州"三大地面古迹"。

越秀公园的园道连接镇海楼。镇海楼是广州现存最完好、最具气势和最富民族特色的古建筑，因其楼高五层又被称为"五层楼"，被誉为岭南第一胜景。登上楼顶，可以看到珠江和白云山。镇海楼是由永嘉侯朱亮祖于明洪武十三年（1380）所建，最早叫"望海楼"，后又题名为"镇海楼"，意在雄镇海疆。清朝时，镇海楼一直是广州最高建筑物。镇海楼楼高28米，楼成塔状，塔似楼形，红墙绿瓦，造型古朴独特。楼前有一对明代雕刻的红砂岩石狮。清初诗人屈大均曾称镇海楼"可以壮三成之观瞻，而奠五岭之堂奥"。镇海楼据说是朱元璋为了镇压广东越秀山"龙脉"，下令朱亮祖修建的。

A A 五羊石像
B B 越秀公园风景

　　越秀公园有五羊石像雕塑，被人视为羊城的标志。它屹立在越秀公园的木壳岗上，高10余米，用130块花岗石雕刻而成，由尹积昌、陈本宗、孔丘传3位雕塑家创作。

　　中山纪念碑位于观音山的山顶上，是1929年为纪念民主革命家孙中山先生而建的。中山纪念碑由著名建筑师吕彦直设计，碑基上层四面有26个羊头石雕，象征羊城。石碑的正面是巨型花岗石，上刻有孙中山的遗嘱，周围树木郁郁葱葱。孙中山纪念碑与中山纪念堂同处于广州城传统城市中轴线上，连成一体，成为广州近代城市的标志。

　　公园内还有广州美术馆。广州美术馆前身为仲元图书馆，是我国最早成立的美术博物馆之一。广州美术馆是一座近代所建的具有中国传统建筑风格的文化建筑。它位于镇海楼东侧，建成于1930年，式样仿北京故宫的文华殿。

　　越秀公园内还有绍武君臣冢、伍廷芳墓等人文景观。新中国成立后，毛泽东、刘少奇、朱德、周恩来和叶剑英等党和国家领导人都曾多次来这里视察观光。仅毛主席就曾七次在越秀山游泳场游泳，朱德还专门为越秀公园赋诗一首《游越秀公园》。来到广州，去一趟越秀公园，欣赏秀丽的自然风貌，品味独特的人文景观，定会不虚此行。

最炫民族风

人文荟萃，有滋有味

广东这片具有强大的创造力和吸纳能力的沃土，创造了多姿多彩的地方特产和民俗文化。

广绣构图精妙饱满，形象传神，纹理清晰，色泽富丽，为我国四大名绣之一。端砚石质纯净细嫩，易于发墨，并富有光泽，蜚声中外。英石层层叠叠，嶙峋褶皱，是装饰园林、美化家居的不二之选。广州牙雕重雕工，以玲珑剔透的镂空、透深的雕刻技法闻名于世。

在粤剧婉转悠长的曲调里，能领略岭南的山水风情，感受广东民风的源远流长。在繁华的街头看那些身姿矫健的醒狮，可以感受到广东人对未来与生活的期望与热爱。烧龙时则满街人头攒动，灯火辉煌，充满"火树银花不夜天"的盛世胜景。

博采众长、选料广博的粤菜奇且杂，海鲜是食中珍品，鸟、鼠、蛇、虫皆为佳肴。广东人嗜好喝茶，且有自己独特的茶文化与风俗礼仪，饮茶是广东人的生活，也是广东省的文化。

广绣

色泽富丽，形象饱满

∷ 刺绣是我国优秀的民族传统工艺之一，具有2000多年的历史。广绣是以广州为中心的珠江三角洲即佛山、南海、番禺、顺德等地刺绣工艺的总称，包括刺绣字画、刺绣戏服、珠绣等。广绣与湖南的湘绣、四川的蜀绣以及江苏的苏绣并称为"中国四大名绣"。

⊙ 中国四大名绣之一

广绣具有构图精妙饱满，形象传神，纹理清晰，色泽富丽，针法多样，善于变化的艺术特色。根据史料记载，广绣始于唐朝。唐太宗时，南海一位14岁的姑娘卢眉娘在一尺见方的丝绢上绣《法华经》7卷，字如粟米大小，笔画清晰，细如毛发，足可证明其刺绣技艺之精湛。广绣发展到明代，绣工已经能熟练地运用绒线绣，用孔雀毛、马尾等作线缕和勒线，用金线和银线刺绣，广绣在此时已经成为民间最重要的手工业之一。明正德九年(1514)，一个葡萄牙商人将广绣带到了西方，从此广绣扬名海外，每年都有不少产品输出海外。

清代时，受西方油画风格影响，绣工增加了绣线种类，并改革绣法，丰富了绣品的表现力，使广绣技艺更加提高。同时，西方油画运用透视与光线折射的原理，对广绣产生了深远的影响，极大地丰富了广绣的色调与表现力。清朝中叶是广绣的全盛时期，广绣开始从民间的小作坊生产逐渐向商品生产发展。广绣大量出口，受到了西方皇室贵胄以及上层社会的追捧。清朝广绣的特点是中西合璧，用色浓烈艳丽，而且光影变化非常明显。

由于粤剧与粤曲的发展繁荣，使得广绣又增加了一类新品种——粤剧戏服。其中，以广州状元坊制作的戏服最为有名，享誉全国，连宫廷戏班也慕名而来。

1929年，在广州举办的四省市绣品展览竞赛中，广绣以《孔雀牡丹》、《番狮》、《雪地风景》等作品参展，以构图饱满、繁而不乱，装饰性强，色彩鲜艳，富丽堂皇，形象栩栩如生，细节精致等特点，受到了好评，并被正式确立为中国四大名绣之一。

▶ 中国之瑰宝

盘金刺绣是广绣一大著名品类，以金线为主，辅以彩纷刺绣，特点是富丽堂皇，灿烂夺目，雍容华贵。广绣的另一大品类是丝绒刺绣，丝绒刺绣开丝纤细，色彩缤纷，绣出的花鸟尤其精美。丝绒、真丝、金线、银线、金绒混合等

广绣·白鹤

广绣作品有一个共同特点，远看非常醒目，近看又精细非常。这幅作品的白鹤形象生动，层次丰富，栩栩如生，其羽毛纤毫毕现。

指尖上的艺术

2000多年来，广绣艺人不断用灵巧的双手演绎着这指尖上的艺术。

几大类为广绣的基本材料，其中金银绣独具装饰性，构图饱满匀称，色彩辉煌，显得华美精致。广绣的色彩也有两类："威彩"以较饱满的色彩为主调，比如绣喜帐；"淡彩"以三间色为主调，比如绣文房用品。

人物绣是广绣的主要产品之一，也是特色产品之一。人物绣需要根据画稿的不同要求，以虚实、施疏、层层叠绣、渗绣、线面结合等不同的绣制方法达到形神兼备的肖像效果。另一个特色产品是花鸟绣，充分体现了广绣"平、齐、细、密、均、光、和、顺"的艺术风格。花鸟绣的主要特点是：构图精密，色彩秀丽，层次清晰，针法多变，主题突出等。

广绣刺绣技法有"钉、垫、拼、贴、缀"五种，其中一些技法难度相当大，对绣工的技艺要求很高。钉金垫浮绣的二针龙鳞和鱼鳞立体针法，就被认为是刺绣工艺中难度最高的针法。

自唐代开始，历代不少广绣佳作，都作为贡品贡献给皇帝。目前所知保存完整，幅面尺寸最大的广绣为清光绪年间由广东十三省状元坊官绣的同泰店号所造的《寿鸾》刺绣。该绣品长4.2米，宽2.8米，大量使用金箔线，制作工艺复杂，其中的描金祝寿语，含意深奥，字体工整。如此巨幅精美、做工极其精良的巅峰之作，现存于世者极其稀少，是清末刺绣工艺与寿辰礼仪研究收藏极品，也是清代广绣的代表之作，无愧于

"中国国宝"之称。

20世纪90年代，由于原料、销路，以及广绣艺人的退休、转行等各方面的原因，广绣的发展陷入了低谷期，不仅没有优秀作品面世，甚至连曾经灿烂夺目的广绣工艺也几乎成为绝艺。从2003年开始，广州绣品工艺厂开始召集老艺人回厂带徒，让有兴趣致力于广绣技艺发展的年轻人潜心学习。经过几辈新老艺人多年的共同努力，广绣终于重新恢复生机，并且在继承传统技艺的基础上，将传统技术与现代艺术元素相互渗透，融会贯通，更加提升了广绣的艺术品位和层次。

Ⓐ 广绣·菩萨
Ⓑ 广绣·荔枝图

端砚
中国四大名砚之首

BEAUTIFUL CHINA

:: 笔、墨、纸、砚并称中国"文房四宝"。而广东端溪的端砚与安徽歙砚、甘肃洮砚、河南澄泥砚并称为"中国四大名砚",端砚又为四大名砚之首。端砚出产在肇庆市东郊的烂柯山以及七星岩北面的北岭山一带,其中尤以老坑、麻子坑和坑仔岩三地之砚石品质最佳,最为珍贵。端砚历史悠久,石质纯净细嫩,含有硅、绢云母等成分,晶莹柔软,蘸墨后笔锋经久不退,易于发墨,并富有光泽。此外,端砚的雕刻也非常精美,深受帝王将相和文人墨客的喜爱。宋朝时开始把端砚列为"贡品",蜚声中外。

据历史记载,从唐朝初年开始,在烂柯山端溪一带,就出现了依靠采集与加工生产端砚为生的砚工。当时的端砚非常简朴,只作为书写的实用工具,没有任何图案花纹。唐朝中叶,砚工们开始在砚台上雕刻各种图案花纹。从此,端砚就从完全的文化用品,变为了兼具实用性与观赏性的工艺品。

唐代著名诗人刘禹锡道出了端砚的重要地位:"端州石砚人间重。"而李贺则说明了端砚的雕刻精湛:"端州石工巧如神,踏天磨刀割紫云。"宋朝诗人张九成更是盛赞端砚为天下奇观:"端溪古砚天下奇,紫花夜半吐虹霓。"

如今,端砚的制作工艺更为进步,每年都有大量出口,价格从千元到万元不等,甚至数十万元也不足为奇。另外有些属于大众消费的产品,用于赠送喜好文墨的朋友,同样雅而不俗。

端砚以其研磨不滞,发墨快,研出的墨汁细滑、

清·荷叶形端砚

书写流畅，字迹颜色经久不变而闻名于世，但端砚的制作过程却较为复杂，工序繁多，主要有采石、维料、设计、雕刻、磨光、配盒等几个步骤。

采石是制作端砚的工序中最重要的一环。砚的名贵与否，最基本的条件就在于砚石的优劣。因为端溪石大都不抗震，因此砚石开采至今仍是人工开采为主，不能用机械替代。手工开采劳动强度极大，要求采砚者有看清石壁，看准石脉的本领，否则就会浪费甚至破坏好砚，所以有"端石一斤，价值千金"之说。

维料，即选料制璞，就是将开采出来的砚石，经过筛选以后，分出等级。以纯净无瑕为特级，稍次为甲级，之后是乙级。将有裂痕的，或烂石、石皮、顶板底板等通通去掉，剩下的就是"石肉"。制作"石肉"的过程要懂得看石，预测到表层看不到的石品花纹。砚工还要根据砚石的天然形状或凿或锤制成初具形状的砚璞，制璞者要将砚石最好的地方留作墨堂。

设计是"化腐朽为神奇"的过程，是将砚石中的瑕疵变成砚台的"画龙点睛"之笔，能达到锦上添花的效果，也是将砚台升华为综合性艺术品的重要环节。雕刻是端砚制作过程中，极其重要的工序。端砚的设计与雕刻常常是联系在一起的，设计者通常也为雕刻者。雕刻者首先要仔细观察砚璞，因材施艺，因石构图，还要根据砚璞的石质，认真构思，考虑题材、立意、构图、形制以及雕刻技法如刀法、刀路。雕刻端砚主

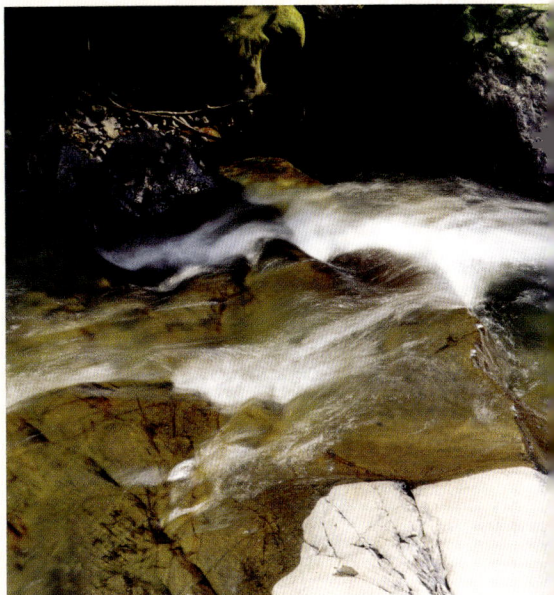

广东肇庆砚坑紫云谷

要有深刀与浅刀，还有细刻、线刻，适当的通雕。

端砚雕刻完毕，要防尘与保护端砚，因此要配上名贵的木盒。同时，砚盒本身也是一件装饰艺术品。砚盒用料讲究，名贵的通常有紫檀、酸枝木、楠木等硬木，砚盒的造型一般根据砚石形状而定，同时还要考虑到木质特有的收缩性。砚盒是端砚的一件外衣，配上砚盒的端砚更加古朴凝重，古色古香。

磨光与端砚的细腻、滑润有着直接关系。首先用油石加幼河砂粗磨，之后再用滑石、幼砂纸，最好是一千目的水磨砂纸反复磨滑，使砚台手感光滑为止。

现存世界最大的端砚是收藏在肇庆市端茗砚雕工艺厂内、被誉为"中华之最"的端溪九龙砚，长4.6米，宽3.15米，厚0.45米，重达13.8吨。

广州牙雕

工整精细，剔透玲珑

✈ **Guangdong**

:: 牙雕是以象牙为原材料进行雕刻的民间传统工艺。广州牙雕又称"南派牙雕"，历史悠久。早在秦汉时期，广州牙雕已经有了一定的发展。明清时期雕刻工艺与生产规模达到历史高峰。民国时期继续发展，工艺水平日臻精湛，在全国牙雕行业中独树一帜。

广州牙雕以镂雕牙球、花舫、微刻书画为代表。产品既有单纯的具有观赏价值的装饰品，如象牙球、花舫、蟹笼、花塔、花瓶、鸟兽、人物、石山景等；又有具有实用价值的产品，如折扇、台灯、烟盅、烟嘴、笔筒、粉盒、图章、梳具、筷子、牙签、书签、纸刀、象棋等；第三类是既具有实用价值，又具有观赏价值的首饰类，如手镯、项链、耳环、戒指、别针等，其中以牙球最为著名，如一个直径18厘米的象牙球，竟能雕成30多层，而且层层都能转动自如。

广州牙雕以纤细精美为特征，重雕工，以玲珑剔透的镂空、透深的雕刻技法闻名于世，讲究牙料的漂白与色彩装饰，作品多以牙质莹润、精镂细刻见长，整体布局热闹繁复，图案往往繁花似锦，装饰考究，不留空白。广州牙雕多与其他如紫檀、犀角、玳瑁、翠羽等材料，巧妙地结合，镶嵌于同一器之上，以增加图案与色彩材质的层次，使图案更富于真实感与立体感。此外，广州牙雕的刀法也极为讲究，刀法见棱见角，华贵美观，精致剔透。广州牙雕尤以龙舟、牙球与山水人物见长，故宫博物院内所藏的象牙灯、

象牙雕摆件

象牙席，都为广州牙雕。象牙灯四周网眼繁复，精美绝伦，而图案层层叠叠，繁芜生动，纤细逼真；象牙席的制作方法早已失传，现仅存3件。象牙席的制作只能在湿润的南方进行，制作者采用特殊药水，浸泡象牙后，使其软化，再劈成薄片进行加工。工艺复杂，造价惊人，因此，雍正时期就禁止制造。象牙席不仅平整柔软，光滑舒适，而且收卷自如，夏天时铺垫，比草席、竹席更为凉爽宜人。

按照工艺技法，广州牙雕有雕刻、镶嵌、编织三大类。雕刻多采用阴刻、隐起、起突、镂雕、染色，又尤以镂雕见长，这与广州独特的气候条件密不可分。广州属于亚热带季风气候，温暖湿润，象牙在这里不易脆裂，因此，适宜制作钻镂、透雕的作品。再加上之前传承的工艺水平，镂雕逐渐成为广州牙雕工艺最具特色的技艺，为广州牙雕的代表。牙片可以薄如纸，半透明状，雕镂细如游丝。广州牙雕的染色，丰富华丽，并充分吸收与运用西方的明暗法，大大增强了牙雕的立体感。

广州牙雕大多采用手工作坊的生产模式，以师徒传承、家族传承为主，但到现在随着手工作坊的消失，师徒关系的改变，精工细作的手工艺流程也受

象牙雕茶具一套

到冲击，年轻人中已经极少有人愿意、也无法单纯以传统的象牙雕刻技艺为职业，这极大地影响了广州牙雕业的发展与传统技艺的传承。因此，我们在观看纤细精致，华丽美观的广州牙雕的同时，也带着一丝惋惜，怕这份千年绝技民族工艺技术中的瑰宝，就此失传、消失……

象牙雕关公像

粤剧

红船晚泊真如梦，花部重兴定有时

✈ Guangdong

:: 粤剧又称广东大戏或大戏，源于南戏，明朝嘉靖年间开始在广东、广西出现。粤剧糅合了唱念做打、乐师配乐、抽象形体、戏台服饰等表演艺术，且每一个行当都有自己独特的服饰打扮。粤剧是广东省最大的地方戏种，并被华侨传播到海外，受到世界各地人民的喜欢。2006年粤剧被列入第一批国家级非物质文化遗产，2009年被联合国教科文组织列入《人类非物质文化遗产名录》。

▶ "未有八和，先有琼花"

粤剧有了正式的名称虽然是在清朝光绪年间，但其源流却可以追溯到明朝中叶。明朝中叶，随着戏剧的发展，元朝杂剧成了最受欢迎的戏剧，而粤剧中有许多剧目源自元朝杂剧，甚至某些粤剧的传统戏码，比如《西厢记》、《窦娥冤》、《踏雪寻梅》等，与元杂剧完全相同。明朝时期，南方戏剧的戈阳腔已经广泛流行，粤剧吸收了戈阳腔的特点，并且与徽剧、汉剧、湘剧、祁剧、桂剧有着密切的联系，其所演的剧目、唱腔、音乐、表演方式等等，与徽、汉、湘、祁、桂剧相似度极高。甚至有些南派武打剧如《铲椅》、《跳台》、《夜战马超》等，桂剧和粤剧完全相同。

广为人知的"未有八和，先有琼花"指的是粤剧在没有八和馆之前，先有琼花会馆。琼花会馆建于明朝万历年间，坐落在现在的广东省佛山市红强街区。当时的会馆门口有四条大柱，馆门口的牌匾是"会馆"，全馆的面积超过当时的祖庙。琼花会馆附近就是佛山大基尾河边的琼花水埗，方便红船里的戏

粤剧表演工艺之舞水袖

粤剧表演工艺分四大类别——唱、做、念、打，舞水袖是打的范畴。

A 粤剧表演工艺之唱

唱是指唱功，包括平喉及子喉。平喉是平常说话的声调，子喉是比平喉调子高八度，以假音来扮演女性角色。

B 粤剧行当之文武生

最初粤剧的角色行当为末、生、旦、净、丑、外、小、夫、贴、杂十大行，后来简化为"六柱制"，即文武生、小生、正印花旦、二帮花旦、丑生、武生。文武生是20世纪二三十年代粤剧演出的新行当。自此文武生成为任何粤剧戏班中第一男主角的统称。

剧演员上岸或者到其他地方演出。广东本土的戏班，早期的活动中心在佛山。建于清朝的万福台是岭南地区现存规模最大、最华美精致的古戏台，见证了粤剧的发展历史。戏台前台以金漆木雕为布景，具有强烈的视觉与舞台效果，后台则是演员更衣休息的地方。万福台的另一个亮点是因其采用了拱形结构，无论站在戏台的哪个角落，所听到的音质都基本相同。

清朝雍正年间，广州出现了"土优"、"土班"、"本地班"、"广腔"、"广府戏"、"广东大戏"等名目，在民国时，统称为"粤剧"。

清朝咸丰年间，太平天国起义，粤剧名伶李文茂积极响应，在佛山起义。后来，清政府为了剿灭李文茂的文虎、猛虎、飞虎三军，大量残杀艺人，而琼花会馆也被焚烧破坏，粤剧因此禁演达15年，受到相当程度的摧残。

即使在禁演期间，粤剧也没有停止发展。许多广东本地班伶人逃亡到省外海外，加入了徽汉等剧的外江班，挂皮黄戏班招牌演出，因而促成梆子与二黄的融合。李文茂死后，禁令稍微松弛，广东本地班乘机再度兴起。此时，本地班的表演方式已经改变很多，不仅声腔吸收二黄，并能用梆子、二黄为主，兼用大腔演出。其表演角色分为生、旦、净、末、丑，生又分武生、正生、小生、总生；旦分正旦、花旦；另外还有公脚，一共十大行当。

此后，经过邝新华、独脚英、林之等人努力，粤剧进入了一个快速发展成熟的时期，在剧目内容与表演艺术上，都有重大变化，其中最明显的是，反映现实生活的新模板正替代古老的传统剧目，比如《梁天来告状》、《王大儒供

粤剧表演《唐宫香梦证前盟》

《唐宫香梦证前盟》是经典粤剧之一，深受广大观众喜欢。

状》等，并在其中加插广州方言演唱。八和会馆也在此时组建。

19世纪末20世纪初，粤剧戏班经常在广东沿海巡回演出，为了方便成行，演员们常栖身于红船上。这类戏班后来被称为"红船戏班"。红船船舱卧铺分配及工人的职责都有明确的规定，成为日后戏班的基础。

⊙ 生生不息，粤剧换新颜

清朝末年，变革的思潮也渗透影响了戏剧界，一批忧国忧民的知识分子发起了一场改良戏剧的浪潮，席卷全国。

一篇观戏评论言辞激烈地批评了当时的戏曲曲本迂腐，不能启发明智，激发国民精神。这篇评论点燃了反映时弊作品的星星之火，不久涌现了许多针砭时弊的曲本，比如梁启超的《班定远平西域》等。

这些新编的曲本中，有许多是富有舞台经验的艺人所编撰，因此，流传甚广，某种程度上，也起到了传播变革新思潮的作用。该时期，使用广州方言来演唱粤剧的春柳社，影响了其他志士班，而志士班对粤剧的影响深远。为了广泛地宣传革命思想，志士班用广州方言来唱黄梅，《周姑娘放脚》、《盲公问米》等剧目取得了超过预期的宣传效果。志士班编演了《文天祥殉国》、《戒洋烟》、《虐婢报》、《秋瑾》、《温生才刺孚奇》等戏，加强反帝反封建的宣传。

改革开放之后，新兴的粤剧团如同雨后春笋纷纷涌现，其中比较典型的是佛山青年粤剧团。该剧团的多部粤剧塑造了黄飞鸿的英雄大侠形象，其中黄飞鸿系列剧中的《奇情记》取得了广东省艺术节八项大奖。该粤剧团不仅在国内演出上百场，还经常远赴新加坡、中国香港和澳门、美国等地演出，为世界了解中国文化与戏剧做出了积极的贡献。

由于经济的发展，异邦文化的涌入，大量新兴娱乐事业的出现，使粤剧的观众数量正在减少，而且日趋老龄化。为了发扬粤剧传统文化，从20世纪90年代开始，广东省开始培养教师与中、小学生对中国戏剧的兴趣。而香港各所大学一直设有粤剧学术研究中心。香港大学的音乐系也有有关粤剧的课程。

面对外来的竞争，粤剧戏剧工作者一直尝试变革，以适应新时代的发展。传统粤剧的舞台布景简单，近乎写意，按照剧中规定情境，主要靠虚拟的表演程式来显示，不能表明时，就用文字说明替代。之后的粤剧，吸收了话剧、歌剧与电影中的部分艺术营养，更好地反映当代生活，使表演更富于生活气息。1947年，香港华仁戏剧社主席黄展华，开始尝试"英语粤剧"，把许多传统粤剧用英语来表演。新加坡敦煌剧坊主席黄仕英除了排练英语粤剧全剧《清宫遗恨》外，还创作马来语粤剧《拾玉镯》。

2001年，香港罗家英、秦中英、温志鹏等人把莎士比亚名剧《麦克白》改编为粤剧《英雄叛国》。

同时期，中国内地也在致力于改编粤剧，除了把莎士比亚名剧《威尼斯商人》改编为粤剧《豪门千金》，还做了其他方面的尝试与创新。2004年，中国首部粤剧动画电影《刁蛮公主戆驸马》获得"中国电影华表奖优秀美术片奖"。2008年，首部动漫真人秀新编粤剧《蝴蝶公主》在广州大学城开演，首次把动漫元素融入了粤剧中。

红线女艺术中心

红线女艺术中心位于广州珠江新城，是广州市政府为表彰粤剧一代宗师、红派艺术创始人红线女对中华优秀文化艺术的卓越贡献而投资兴建的。自1998年12月落成以来，红线女艺术中心即成为探讨粤剧艺术、培训粤剧人才的专门场所。红线女艺术中心将不仅是红线女一生的成就标志，也是粤剧事业后继有人振兴繁荣的新的标志。

醒狮

南拳开桩的狮艺表演

Guangdong

:: 舞狮在中国流传有很多不同的派系与种类，广东醒狮属于中国狮舞的南狮，是地道的广东民间舞蹈，也是广东舞苑中的一宝。看过电影黄飞鸿系列的人，应该对其中的《狮王争霸》印象深刻，电影充分反映了醒狮在佛山以至广东地区的盛行状况。

▶ "年兽"传说，源远流长

醒狮由唐代的宫廷狮子舞演变而来，五代十国之后，随着中原地区的人们不断南迁，舞狮文化传入岭南地区。明代时，醒狮在广东南海县出现，之后，在两广及东南亚各国华侨中间流传，在广东境内主要分布在佛山、遂溪、广州等县市。

关于醒狮的传说有许多，但流传最广、得到广泛认同的是佛山的"年兽"传说：相传遥远的古代，广东南海郡佛山镇忠义乡出现了一只奇兽，身长八尺，头大身小，眼大口阔，凶恶异常。奇兽每年春节前后就出来作乱，也因此被叫做"年兽"。年兽尤其喜欢在除夕夜里出现，来去如风，专门破坏诸如稻米、蔬菜等农作物，偶尔还会伤害人畜。人们苦不堪言，但又畏惧怪兽是神兽，不敢射杀。后来，有人就想出了一个办法：用竹篾扎成年兽的样子，并且涂上斑斓的色彩，用各种形状的布料做成兽身，然后让青壮年十多人，拿上锅盆等能敲响的器具，一人双手拿菜刀，

广州番禺区沙湾镇举行的醒狮表演

站在圆砧旁准备敲打。他们挂着兽头，披着兽皮躲在年兽必经的桥下。当年兽出现时，他们一起冲出，敲打锅盆发出巨大的"咚咚"声音。

年兽首先看到一个跟自己一模一样的东西，原本就很诧异，还没回过神，又听到如雷鸣般的响声，吓了一大跳，惊慌逃走。从此，年兽再也没有出现过，村民们重新过上了安定的日子。为了庆祝驱逐年兽成功，也为了继续吓走年兽，村民们在春节便将纸扎的兽头、布缝的兽身拿出来舞动。因为狮是兽中之王，代表着勇猛强悍，又象征吉祥，因此，把舞动年兽叫做"舞狮"，也有的称为"舞兽头"。之后，村民除了新年期间舞狮，凡有节庆，也都醒狮庆祝。为了增添热闹的气氛，舞狮时的乐器改为鼓锣，敲击时按照一定的节奏。

醒狮的风俗延续至今，醒狮已经成为两广及其他许多地区迎接新年必备的娱乐项目。人们舞动醒狮，希望能五谷丰收，住宅安宁。

▶ 醒狮表演，惟妙惟肖

南北狮子的风格与艺术造型有明显的区别，北方狮讲究形似，由两人扮演，四脚着地，酷似真狮；而南方狮注重神似，重在狮头，狮身以红、黄布做成，盖住狮尾的另一位舞者。一人舞狮头，一人舞狮尾。还有一个人戴着假面

具，手执葵扇在前面逗引，称为"引狮郎"，俗称"大头佛"。南狮常常有夸张的艺术造型：阔口大眼，神气十足，形象多样。比如黑色的张飞面，红色的关公面，此外还有老虎面、二花面等。而狮子长长的眼睫毛，又为它增添了几分可爱。

两广尤其是佛山地区，醒狮也有醒狮的礼仪。南狮又分七彩狮和黑白狮两种。七彩狮色彩艳丽，称为"狮母"，而黑白狮是"狮王"，青鼻铁角牙刷须，挂满绒球，贴满铜镜，光彩照人。如果在醒狮过程中，黑白、七彩两狮相遇，"狮母"要主动向"狮王"让路，并致礼。

醒狮表演，分为单狮、群狮和迎宾狮三类。单狮有一套固定的表演程序，有"狮子出洞"、"窥测方向"、"高台饮水"、"欢天喜地"、"过天桥"、"跨三山"等动作。舞者要把狮子初醒出洞时的慵懒，出洞后四处探视的多疑谨慎，登高时的昂首漫步、唯我独尊的雄姿，勇猛前进时的气

梅花桩醒狮表演

在梅花桩上舞狮的动作难度非常高，舞狮者需要具备十分娴熟的技艺。整套动作需要一气呵成，惊、奇、险、绝、美融汇一体。

概，过桥时骤然看到影子的惊怒，戏水时的欢快，吃青时的贪婪犹疑等，生动传神地表现出来。群狮则主要表演技巧，彼此间的配合默契，青、黄、赤、白、黑五头狮子，分别代表金、木、水、火、土五行。迎宾狮也是群狮的一种，只不过规模更大，动作、锣鼓方面有更特别的要求。

舞狮者如果要想表现得生动逼真，惟妙惟肖，必须下苦功琢磨，才能领悟其中的奥妙。

⊙ 醒狮技艺欣欣向荣

"采青"是舞狮中最精彩的程序，是醒狮将"青"采到嘴里后，将利事（红包）等奖赏取下，再将生菜等由口中"喷"出。"采青"表演的难度，是根据红包的丰厚程度而定。"高青"是难度最大的，通常是红包藏在生菜与树叶中，高挂在门楼之上。要想采到"高青"，有时要搭三四层的人梯才能采到。其次是"蟹青"，把红包与生菜一起放在乱石成堆的障碍物中，舞者需要越过乱石障碍，到蟹背上去采青。红包放在绿水环绕之中，称为"水青"。采青的难易往往体现了狮子队的技艺水平。

醒狮作为一种具有悠久历史的传统娱乐项目，在21世纪仍然散发出了勃勃生机。广东醒狮已成为全国知名的，具有南国特色的民间舞品牌。

不少地方还把醒狮与群众性的体育活动相结合，成立各种狮子会，其中甚至还有女子舞狮队、醒狮少年班等，既锻炼了身体，又培养了后来的舞狮力量，使醒狮技艺欣欣向荣，让醒狮这种具有南国特色的民间游艺，得到更好的传承与发展。

醒狮表演

醒狮在广东地区十分盛行，每逢佳节或集会庆典，民间都以舞狮前来助兴。醒狮不仅是广东当地群众祈福庆祝的娱乐活动，也有其深远的文化价值与意义。醒狮活动也在海外华人社会里广泛流传，成为海外同胞们认祖归宗的文化桥梁。

烧龙

✈ Guangdong

祈祷五谷丰登的盛世欢歌

:: 如果在大年初十来到广东揭阳乔林乡，那么千万不能错过这里一年一度的盛典——烧龙。烧龙时火树银花同绽放，龙灯银鱼齐欢舞，既有盛世之辉煌，也有民众之欢腾；既祈求国泰民安，又预祝新年吉祥如意……

乔林乡的烧龙活动始于明朝，是潮汕地区一项历史久远、独特的群众性民俗活动。按照传统习俗，每年农历的正月初二起，便开始游龙迎春，一直到正月初十烧龙。乔林乡所游、舞、烧的龙，短的10多米，长的达30多米。烧龙场中央安放各式各样的烟花，四周挂着鞭炮。三声炮响，即为烧龙的信号，各式各样的烟花在天空中竞相开放，顿时整个天空犹如百花盛放的花园，烧龙场笼罩在一片五光十色、缤纷灿烂的火树银花之中。接着，由一群青壮年男子举着已经装好烟火的龙绕场三圈，然后点燃龙身上的烟火，顿时火龙在场内飞舞。伴随着锣鼓喧天，爆竹声声，龙珠引路，火龙口吐火球，火星、火珠，而龙眼则射出青色火束，龙身火星四溅……此刻，响声震天，烟雾缭绕，灿烂辉煌，远远望去，酷似真龙在腾云驾雾，场面极为壮观。发展到后来，不仅要烧龙，还要烧凤与鱼。此外，烧龙时，正是春寒料峭之时，而舞龙者仅着短裤，身上涂满植物油，烟火映照之

下，全身好像镀上金粉，犹如天神降临，成为烧龙时的又一奇景。

关于烧龙的起源，有一个传说。相传明末清初，政治腐败，民不聊生，天下盗匪四起，而乔林乡也未能幸免。有一年，贼寇刘国华纠集了数百人，对乔林乡大举进犯。驻守乔林乡的官兵，一面紧急部署防守，商讨退敌之策；一面派人向县衙告急，请求增援。刘国华是个亡命之徒，穷凶极恶，尽管乔林乡军民奋力抵御，但慢慢难以招架了，眼看贼寇就要进入村子。就在这危急时刻，从寨门口右边哨棚上传来一声稚嫩清脆的断喝："大胆刘国华，还不快快退走，若不退走，你性命难保！"刘国华抬头一看，原来是个乳臭未干的黄毛小儿，他哪里放在眼里？这时，有一个人认出眼前的小孩是神箭手林小龙，于是，他悄悄地提醒刘国华，谁知刘根本不信，不以为然地回答："小小年纪，不知死活，等会儿我冲进寨去，把他碎尸万段！"小龙大怒，眉头一扬，张弓搭上火箭，大吼一声："小心你的黄龙

旗！"刘国华吩咐手下将黄龙旗左右摇摆，以为这样林小龙就射不中了。却只听"呼"的一声，火箭正正地射在黄龙旗的旗杆上，猛烈燃烧的火焰，瞬间就卷去了黄龙旗的一大片。这是极为不祥的征兆，刘国华大惊失色。这时有人来报："县衙的援兵已到。"刘国华再无心攻寨，急忙下令撤兵，狼狈逃窜。

从此，"林小龙一箭退贼兵"的消息就传开了，乡人总算可以过一个安定的元宵节。大家认为，当日林小龙一箭烧掉贼寇的战旗，使贼寇不战而逃，让乔林寨获得了平安，这是一个吉兆。于是，一致决定要用"烧龙"的方式来庆祝升平祥和，祈求来年五谷丰收。"烧龙"这一民俗活动就从此流传下来。乡人把游龙、舞龙、烧龙看成是胜利的象征，也代表了劳动人民的勤劳勇敢，同时祈求风调雨顺，兴旺发达。

历史上居住在乔林乡乔东、乔南的居民，大多为当地的望族，而乔林乡物产丰富，一般家庭多殷实，"丰衣足食知荣辱"，乔林乡人谦让有礼，民风淳朴。乔林乡人大都励精图治，外出拓展，谋求富裕发达。而烧龙活动，则充分显示盛世下的乔林乡人祈求国泰民安，再创佳绩的信心与壮志。

烧龙活动

彩龙身上装满烟火，由一群青壮男子托举，点火烧龙时，伴随锣鼓声、爆竹声，彩龙腾跃飞舞，口吐火球，身喷烟火，五彩夺目，极为壮观。

的规格：直径10厘米，长20厘米，被叫做"英歌槌"。舞者配合着忽紧忽缓的鼓点与观众震耳欲聋的吆喝声，双脚成骑马蹲裆步，提腿横向跃动，双手随锣鼓节奏上下左右交错翻转对击英歌槌，头和身体随之自然晃动，呈现出"双龙出海"、"猛虎下山"、"麦穗花"、"田螺圈"等18种套式的队列变化，犹如用武术连接而成的团体操。

英歌节奏有慢板、中板、快板三类。套路有时多达20套，包括"洗街"、"拜年"、"布年"、"背槌"、"过胯"、"抱槌勾脚"等。主要情节有"下山打探"、"急水渡泊"、"化妆卖艺"、"乘机闯府"、"救卢出府"、"英雄会师"、"凯旋归山"、"欢庆团圆"等。普宁英歌表演风格威猛、雄浑、粗犷、豪迈，充满了阳刚英武之气，舞到高潮时，常常是呐喊与螺号声冲破云霄，响彻四方，场面恢宏，气势磅礴，震撼人心，气氛欢腾热烈。

⊙ 场面壮观，极富韵律

英歌演出分"前棚"与"后棚"两段。前棚通常为锣鼓演奏与英歌舞。前棚通常为主体，由饰头槌者担任指挥，也有时候另设"耍蛇人"担任指挥。英歌人数从12人开始，以双数增加，通常是16至36名精壮男子，人数最多不能超过梁山好汉的人数108人。如果是36人表演，其中18人打鼓，另18人手持英歌槌，随节奏表演跳跃进退等步伐一致的集体舞蹈；同时，也可以将敲击英歌槌

与相互攻打交替进行。

英歌队中一般设有"头槌"、"二槌"角色，"头槌"里红面红袖是扮演关羽，红面黑须则是秦明；"二槌"为黑面黑须，装扮的是梁山人物黑旋风李逵。有的地方还有扮演花和尚鲁智深的"三槌"和扮演打虎英雄武松的"四槌"等。这些人物，身穿戏服，腰挂腰牌，威风凛凛，神气十足。

表演场上，只听到一片棍声、鼓声、呐喊声，响声震天，而扮演各式人物的英武男子在场上龙腾虎跃，各显身手，场面壮观，气势磅礴又极富韵律，令人仿佛置身于一场精彩的武打戏之中。

英歌中的所谓"后棚"部分，一种是专门进行有故事情节并以拉弦伴奏的小戏表演，俗称"英歌戏"。主要表演的传统剧目有《佛公佛母》、《桃花过渡》、《闹花灯》、《白鸟记》等。后棚所表演剧目的长短多少，全由观众的兴致决定。另一种则属于英歌舞队进行的游艺活动。

过去，对于辛苦了一年的人们来说，在几乎是唯一能够享受喜庆和休闲的春节中，仅限于如北方秧歌"大场"的欣赏或自娱，显然难以满足人们的需要，在热闹精彩的表演之后，还能欣赏令人津津乐道的情节故事表演，是英歌广受欢迎、保留至今的重要原因。此外，潮汕乡民移居香港后，为了寄托乡思，增强本族系成员的联系团结，也经常在年节时组织青年演出英歌。

英歌后棚表演

粤菜

✈ **Guangdong**

生猛鲜活，清淡适口

:: 粤菜是广东地方风味菜，源于岭南，历史悠久，是中国汉族的八大菜系之一。广义上说，粤菜由广州菜（亦称广府菜）、潮州菜（亦称潮汕菜）、东江菜（属客家菜）组成，以广州菜为代表。港、澳以及世界各国的中餐馆，多数是以粤菜为主，在世界各地粤菜与法国大餐齐名，国外的中餐基本上都是粤菜，因此很多人认为粤菜是华南菜的代表。粤菜博采众长，选料广博，奇而且杂，海鲜是食中珍品，鸟、鼠、蛇、虫皆为佳肴。粤菜的特色用一句话来概括，就是生猛鲜活，清淡适口。

酱香鸭舌

▶ 生猛鲜活

　　早在远古时期，岭南古越族就与中原楚地有着密切的交往。随着历史变迁和朝代更替，许多中原人为逃避战乱而南迁，汉越两族日渐融合。中原文化的南移，中原饮食制作的技艺、炊具、食具和百越农渔丰富物产结合，成为粤式饮食的起源。

　　南粤物产十分丰富，因此广州菜品的种类也很丰富，不论是鸡、鹅、鸭，猪、牛、羊，还是蛇、虫、鼠、蚁、狗，乃至燕窝、鱼翅，各种天上飞的、陆上跑的、地下爬的、水里游的，广州人都想方设法制成美味佳肴，吃进肚子里。珠江三角洲人爱吃的"禾花雀"、"禾虫"和"龙虱"，在外地人看来，简直不可思议，但广州人却理直气壮地说，它们滋阴补肾，是食中的珍品，价钱也是不菲。一些容易被人遗弃的下脚料，经厨师加工，也可变成名菜佳肴，北园十大名菜之中的"桂花香扎"、"蚝油鸭掌"等，就是用鸭脚等鸭的下脚料巧制而成，味道不逊色于山珍海味。广州人更喜欢吃那些下脚料，所以，广州菜市场是猪排骨贵过猪肉，鸡翅膀贵过鸡，鱼头贵过鱼肉，这在外国人看来，更加不可思议。

岭南四季常青，人们对吃很看重一个"鲜"字，无论蔬菜或肉类，都讲究新鲜。广东人爱吃海鲜，海鲜不但要新鲜，还要生猛。广州的一些酒楼即席为食客烹制"铁板牛柳"和"火焰醉虾"等菜式，这不仅提高了宴席气氛，吃起来也觉得特别新鲜热辣。当今，"生猛海鲜"这一粤菜名词已经传遍了祖国大江南北。

炭烧猪头肉

▶ 清淡适口

粤菜注重质和味，口味比较清淡，力求清中求鲜、淡中求美。而且随季节时令的变化而变化，夏秋偏重清淡，冬春偏重浓郁，冬春多煲，夏秋多滚煨，至于"老火靓汤"，四季常用，各取所需，适时进补，追求色、香、味、型。

春季，气候潮湿，滋阴补肾去湿的菜式一起上，广东独有的"炖禾虫"、"和味龙虱"、"蛇羹"等既去湿又鲜美的菜式最受食客青睐。夏季，广东天气闷热，各大酒楼推出的"八宝冬瓜盅"、"荷叶蒸海鲜"等清热解暑、开胃消滞的名牌菜式，大受食客欢迎。秋季，秋高气爽，粤菜突出清淡、鲜爽、滑嫩，如"五柳手撕鸡"、"菜心炒鲜鱿"等，使人们食欲大增。冬季，湿寒

料峭，广东人讲究进补、暖胃，粤菜就以营养滋补，味道香浓为特色。"什锦煲"、"香肉（狗肉）煲"、"大鳝煲"等用煲炖制的名菜纷纷面市，各类滋补菜式也争相登台，如"龙虎凤大煨"、"炖乳鸽"、"炖甲鱼"等。

在火候上，粤菜保持并还原原料的新鲜和清淡。粤菜的用料十分广泛，不仅主料丰富，而且配料和调料亦十分丰富，但配料不会杂，调料是为调出主料的原味，两者均以清新为本。粤菜调料独特，常见的有蚝油、鱼露、珠油、糖醋、西汁等。烹调方法独特，有煲、泡、焗等。

入夜后的广州，灯火辉煌，上班族和应酬繁忙的生意人，常常三五成群饮茶或者吃宵夜。到凌晨3时，从西关、长堤、中册路到北京路一带的食肆酒楼熙熙攘攘，各式小炒、粥粉面、海鲜、野味及火锅、炖品等很有市场。"食在广州"，粤菜魅力无法抵挡。

广东饮茶

一盅两件的粤式交际

✈ Guangdong

:: 中国茶文化源远流长，广州则是茶叶之路的起点。广州人嗜好饮茶，"饮佐茶未？（喝了茶没有？）"一句时常挂在嘴边的问候语，道出了广州人对饮茶的独特喜爱。由此可见饮茶在广州人生活中的地位，饮茶是"食在广州"的一大特色。

▶ 广东的"一盅两件"

广州人的饮茶风俗起源很早，早年的茶肆被称为"二厘馆"，大都是简陋的路边小铺，饮茶者大都是下层劳动人民。清代中叶，随着外商聚居的广州十三行商业中心的建立，才出现了广州第一家新式茶楼——三元楼。此后，饮茶被广州各阶层所接受，怡香楼、福如楼、陶陶居、天然居、陆羽居等茶楼相继建起。随着茶楼的增多，"四大茶楼"文园、谟觞、南园、西园先后崛起。

广州饮茶主要包括了喝茶与吃点心，而虾饺与叉烧包在早期最受欢迎，因此，广州人又把饮茶形容为"一盅两件"，即一盅茶加两件点心。"一盅两件"的说法延续下来以后，人们逐渐赋予了它"最低消费"的意思。"一盅两件"的说法也就流传开来，成为广东文化的一大特色。

⊙ 从早到晚，三茶两饭

过去，闲适的广东人喜欢"饮早茶"，茶客们一大早就赶到茶楼，点上"一盅两件"与朋友聊天，或者自酌自饮，悠闲而惬意。老一辈的广州人，无论生活如何艰苦，也要天天到固定的茶馆，与朋友相聚聊天，寻找安慰与寄托。

广州人一天到晚都喝茶——除了早茶、晏茶（下午茶），还有夜茶。这也是广州人统称为"三茶两饭"的缘故。不少茶楼在清晨5点开始营业，直到晚上12点多才打烊。

广州饮茶俨然已经变成一种美食文化，在广州饮茶有两个基本礼仪要遵守：当别人给你倒茶时，你需要以食指中指弯曲轻叩桌面，表示感谢；想请服务员续水时，只要把壶盖打开，他们很快就会来续上水。

去茶楼饮茶，通常是即场找位子，找到位子以后，就叫"开茶"，也称"开位"，先挑选一种或几种想喝的茶，之后，就叫服务生"开茶"。开茶时，服务生写上开位人数，叫"茶位"。

在众多茶中，因为普洱能帮助消化，又有利于消脂减肥，所以很受欢迎，其他诸如香片、乌龙与绿茶，也很常见。

点心的不同是区分南北饮茶习惯的重要标志。广东饮茶的点心种类丰富，大致分为咸、甜两种口味。咸点中的虾饺、叉烧包、干蒸烧卖、粉粿等最受欢迎，萝卜糕、芋头糕，以及肠粉、炸两、春卷等煎制的糕点也颇受欢迎。比较大众的甜点有马拉糕、蛋挞，包类如莲蓉包、奶黄包，也有芒果布丁等西式甜点。

饮茶时，服务生会把一些酱料及小吃给食客，与茶合成"茶芥"。通常茶客会等茶杯冲好茶，才开始吃点心。一份点心通常为每份2～4件，当数人一起饮茶时，往往会选择几种不同款式的点心，就可以品尝到不同的口味。而服务生通常会把点心放在茶桌中间或者转盘上，让大家都可以夹到点心。

广东饮茶，源远流长，历史悠久，有深厚的文化底蕴。广东茶文化既是广东的民俗文化，也是饮食文化。

美丽广东地理名录

BEAUTIFUL GUANGDONG

国家森林公园	梧桐山国家森林公园、万有国家森林公园、小坑国家森林公园、南澳海岛国家森林公园、东莞观音山国家森林公园、南岭国家森林公园、新丰江国家森林公园、韶关国家森林公园、东海岛国家森林公园、流溪河国家森林公园、南昆山国家森林公园、西樵山国家森林公园、石门国家森林公园、圭峰山国家森林公园、英德国家森林公园、广宁竹海国家森林公园、北峰山国家森林公园、大王山国家森林公园、神光山国家森林公园、御景峰国家森林公园、三岭山国家森林公园、雁鸣湖国家森林公园、天井山国家森林公园、大北山国家森林公园
国家级自然保护区	南岭国家级自然保护区、车八岭国家级自然保护区、丹霞山国家级自然保护区、内伶仃岛-福田国家级自然保护区、珠江口中华白海豚国家级自然保护区、湛江红树林国家级自然保护区、鼎湖山国家级自然保护区、象头山国家级自然保护区、惠东港口海龟国家级自然保护区、徐闻珊瑚礁国家级自然保护区、雷州珍稀海洋生物国家级自然保护区
国家级风景名胜区	肇庆星湖风景名胜区、西樵山风景名胜区、丹霞山风景名胜区、白云山风景名胜区、惠州西湖风景名胜区、罗浮山风景名胜区、湖光岩风景名胜区、梧桐山风景名胜区
国家地质公园	广东丹霞山国家地质公园、广东湛江湖光岩国家地质公园、广东佛山西樵山国家地质公园、广东阳春凌霄岩国家地质公园、广东恩平地热国家地质公园、广东封开国家地质公园、广东阳山国家地质公园

全国重点文物保护单位

广州市：三元里平英团遗址、黄花岗七十二烈士墓、广州农民运动讲习所旧址、广州公社旧址、光孝寺、洪秀全故居、中国国民党第一次全国代表大会旧址、黄埔军校旧址、中华全国总工会旧址、陈家祠堂、秦代造船遗址、南越国宫署遗址及南越文王墓、怀圣寺光塔、广州沙面建筑群、广州圣心大教堂、广州大元帅府旧址、莲花山古采石场、中山纪念堂（含中山纪念碑）、余荫山房、南汉二陵、六榕寺塔、广裕祠、粤海关旧址、广东咨议局旧址

深圳市：大鹏所城

珠海市：宝镜湾遗址、陈芳家宅

佛山市：佛山祖庙、康有为故居、东华里古建筑群、南风古灶

韶关市：云龙寺塔、三影塔、满堂围、石峡遗址、南华寺、双峰寨

河源市：龟峰塔

梅州市：叶剑英故居、丘逢甲故居

惠州市：叶挺故居

汕尾市：海丰红宫、红场旧址，元山寺

东莞市：林则徐销烟池与虎门炮台旧址、东莞可园、南社村和塘尾村古建筑群、却金亭碑、大岭山抗日根据地旧址

中山市：孙中山故居

江门市：梁启超故居、开平碉楼

湛江市：雷祖祠、硇州灯塔

肇庆市：梅庵、德庆学宫、悦城龙母祖庙、肇庆古城墙、七星岩摩崖石刻

潮州市：广济桥、许驸马府、笔架山潮州窑遗址、潮州开元寺、己略黄公祠、韩文公祠、道韵楼、从熙公祠

清远市：慧光塔

美丽广东
Beautiful Guangdong

文稿撰写： 霍思荔

特邀审校： 东方博学

图文编辑： 申利静

美术编辑： 江　湖

封面设计： 阮剑锋　夏　鹏

版式设计： 罗　雷

图片提供： 华盖创意图像技术有限公司

　　　　　　北京全景视觉图片有限公司

　　　　　　达志影像

　　　　　　千目图片

　　　　　　IMAGINECHINA

　　　　　　FOTOE